メメントモリ・ジャーニー

Mement Mori Journey

Mereyama メレ山メレ子 Mereco

亜紀書房

メメントモリ・ジャーニー

はじめに

メメントモリ・ジャーニー（Memento Mori Journey）。ラテン語のmemento moriと英語のjourneyがごちゃまぜだが、日本語だとmemento moriは「死を想え」、journeyは「旅」に、それぞれ置きかえられる。この本は、「旅」と「死」についてのエッセイ集である。

それでは、「旅と死についてのエッセイ」と聞いた人は、通常はどんな内容を期待するだろうか。わたしがこの本に書いたことは、おもに以下の3つのカテゴリーに大別できる。

1. 旅先で心に浮かぶ、人生や故郷、家族や友人への思い
2. 西アフリカ・ガーナで自分のためのオーダーメイド棺桶を作りたいと思い立ってから、お金を集めて実際にガーナに行き、棺桶を日本に持って帰ってくるまでのお話
3. 東京に住むひとり暮らしの30代勤労女性が古いマンションを購入し、リ

ノベーションを施して住まいを手に入れるまでの記録

これを分かりやすさ度合いで自己採点してみると、

1. まあまあ分かる
2. だいぶ分からない
3. 「旅と死」はどこへ……?

という感じになる。だが、あくまでわたしの中では、これらの要素はがっちりと絡みあい、いつか訪れる死の瞬間を前にどこに行くのか、何を目指すのか——という「メメントモリ・ジャーニー」を構成している。

わたしはふだんは会社員として勤めながら、こうやって文章を書いている。もともとは、学生時代から書いていた旅行記ブログがきっかけだった。東北旅行でふと出会ったイカ焼き屋の秋田犬を仮に「わさお」と名づけて紹介したら、その風貌や元捨て犬の来歴が想像以上にメディアで取り上げられて話題になり、冷や汗をかいたこともある。

しかし、それを超える大きな転機となったのが、とある昆虫写真家の方との出会いだった。「素人の目線で、虫や自然への好奇心をつづってほしい」という依頼をきっかけに、自然科学系のコミュニティに足を踏みいれることになる。そこは、「血が湧き立つほど好きなもの」というギフトに恵まれ、大人になっても人生を心から楽しんでいる愛すべき人々の坩堝だった。

そんな幸福な出会いを通じて、わたしは「わたしの幸せはわたしの幸せであって、ほかの誰のものでもない」という当たり前のことが、やっと体に沁みこんでくるのを感じた。普通でないことをめちゃくちゃ楽しんでいる普通の人たちが、身をもって教えてくれたのだ。

自分に残された、時に持てあますほど長く、またあるときは瞬きの間ほど短くも感じられる時間を、何に費やそうか、だれと歩こうか。そう思いはじめてから、旅の中で出会うものは、今までとはまったく違う色や香りでわたしの中に飛びこんでくるようになっていた。

ブックデザイン　大岡寛典事務所
イラスト　西村ツチカ
写真（P258）　宇壽山貴久子

世界は移動を拒んではいない

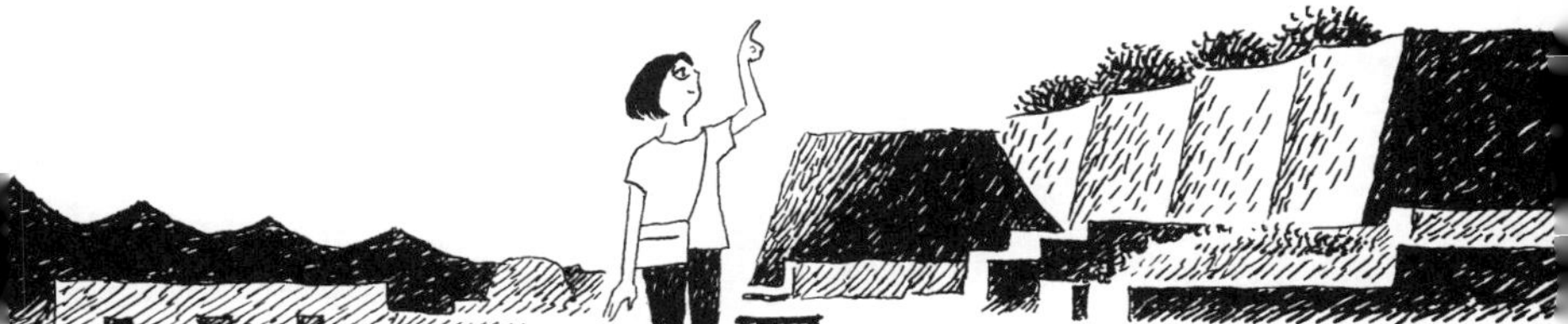

旅の記憶をたどろうとするときいつも思い出すのは旅先の絶景などではなく、地元の駅の発車案内板だ。

わたしの育った家は、大分県の別府《べっぷ》市にある。小学生のとき、隣市である大分市内の矯正歯科に月に一度通っていた。最初は母に車で送ってもらっていたが、その母がある日いきなり「送るの疲れた。今日からひとりで行ってこい」と言い出した。

わたしは超がつくほど臆病な子供で、家から駅までの決まった路線のバスに乗ったことはあったが、電車にひとりで乗るのはそれがはじめてだった。「ひとりで行くなんて無理だ」と泣きわめいて懇願したが、それを聞き入れる母ではない。

別府駅について、もうだめだ……きっとどこかで迷って、おそらく警察のお世話になってパトカーで家に帰ることになる。また笑われたり怒られたりするだろう……いや、それならまだいいほうで、まごまごしているうちに人さらいや変態に捕まってしまったら最悪だ……と思いながら見上げた発車案内板は、意外にもすごく分かりやすかった。

当時から、漢字の読み書きは得意な子供だった。誰かに連れられている限り読む気がなかったから、今まで読めなかったのだ。この日豊《にっぽう》本線の、大分方面と書いてあるほうのボードに表示されている電車に乗ればいい。横にある数字は発車時刻とホームの番号だ！　それまでは恐ろしい暗号にも見えていた表示がとつぜん情報になって、パチパチ光りながら目に入ってくるような気がした瞬間のことは忘れられない。

駅の表示は、別にわたしを拒んでいるわけじゃない。遠くへ連れ去ろうとしているのではなく、わたしが行きたいところへ行けるようにあと押ししてくれているのだ。家や学校でだっていろんな怖いことが起きるのに、親や友達がいない外の世界には、想像すらできない恐ろしいことがさぞたくさんあるはずだ。分からないことを誰かに訊く勇気もないし、訊いた相手が学校で習った「お菓子をくれる人さらい」かもしれない。でもこの表示は、わたしのような子供にでも読みやすいように工夫されている。どこかの誰かが、わたしのためにこの表示を作って、わたしがどこかに移動することを助けてくれているのだ。

家族での旅行や買い物、学校の遠足にしても、小学生のわたしが自分だけのペースで動きまわれることは基本的になかった。行き先で見つけたスベスベした石やヒキガエルから「ほら帰るよ」と引き離されることなく、気の済むまで見ていられたら！　そして飽きたら今日のように道しるべをたよりに新しい場所に向かえるのだとしたら、どんなに素敵なことだろう。

この日を境に、臆病な性格が直ったわけではない。しかし、電話をかけたりライブのチケットを取ったり、「外」につながる何かが成長するにつれてひとりでできるようになるたび、頭の裏側でパチパチと火花が起きて「自由」という文字を形づくるのを感じた。臆病な性格だからこそ、小さな進歩をより大きな勝利と感じたのかもしれない。

わたしの本名には、「気の向くままに流れていく」という意味がある。その名の通り、大人になったらどこでも好きな場所に行き、どこに住むかもそのときの気持ちで自分で選んで、素敵なものと暮らすのだといつも思っていた。30代になった今ですら、「いつか」もっと自由になって自由な場所に行けるのだと、そう思っている節がある。

インターネットでなんとなく文章を書きはじめた大学生のころ、思ったことをそのまま書くのが怖かった。生の意見であればあるほど、あちこちから生の批評に刺されやすくなる。書いた先から文章が自分の感情を固定していくようで、自分が書いた文章に煽られて思ってもいないことを書いてしまいそうで不安だった。子供のころは想像すらできなかった「外」の世界のひとつ、それがインターネットだ。ここも注意して歩かなければすぐに地雷を踏むに違いない

——でもわたしも何か発表したい！

旅行記は、ファクトとロマンのバランスがちょうどよかった。起きたことと見たものを順番に書きながら、感想や妄想はその間に目立ちすぎないように少しずつ挟んでいった。頭とカメラに情報を詰めこんで帰り、写真とテキストにどさっと吐き出して、ちまちま増えるコメントを眺めているのが楽しかった。

もともと旅行が好きだったというより、外に何かを発信する手段として「旅行」と「ブログ」の両輪を手に入れた。そういうのって不純だろうか？　松尾芭蕉だって、俳句を詠んでいなかったら「野ざらし紀行」の旅に出ただろうか（ごめんなさい、よく知りません）。

誰かがあとで「何を見てきたの？　知りたい！」と言ってくれると思えば、今までぼんやり

と眺めるだけだった旅先の風景も「どう料理してやろうか……」ぐらいの意識になり、ぐっと鮮やかに目に映る。旅先で歩いているときから、自分を主人公に据えた物語を読んでいるような二重の感覚がある。お話の中では虫やキノコが益体もないことをしゃべり出してもいいし、期待はずれの観光スポットもそれなりのおかしみを発揮する。旅行が何倍も楽しくなった。

臆病さから選んだ「旅行記」という表現手段だったが、のめりこむにつれて読まれる機会も増え、わたしの生活も徐々に変わっていった。

旅先で見つけて紹介した秋田犬の〝わさお〟がわたしの数万倍有名になってしまったり、南国で目に入る虫の不思議な色かたちにひかれて、虫の本『ときめき昆虫学』(イースト・プレス)を書いたりした。ふだんはいわゆる堅いおつとめをしているが、本業の会社員とは別の世界を持っているのは、自分がのびのびと息をするためにとても大事なことだと思う。

年を取っていろんな痛みにちょっと鈍感になり、呼吸がとても楽になった。服や本や美術作品に対して自分の言葉で好みを語ることに昔はとてもためらいがあったが、今は自分に似合うものや、なぜそれを選ぶのかが少しは分かる。多くはないが友達も、親愛や尊敬の気持ちを抱かせてくれる人たちもいる。

部活動すらろくにやったことがないのに昆虫のイベントを立ち上げたり、本を書くために昆虫研究者に取材に行ったり、いろんなことを節操なくやっているうちに、ブログは告知の記事ばかりになり、日々の雑感はTwitterなどのSNSに吸い取られ、更新できなくなっていった。たまにブログにリハビリのように文章を書いてみるが、以前書いていたような、旅のはじまりから終わりまでを明るめになぞるハイテンションな旅行記を書きたいとは、あまり思わなくなっていった。

旅先で、すごく完璧な瞬間に出会うことがある。前出の秋田犬〝わさお〟に会ったときもそうだ。青い空と日本海を背にして、白くてムクムクで巨大で規格外な風格の犬が、わしはまだ若いからその辺を通る誰にでも遊んでほしくてたまらないんじゃー、という顔でこっちを見ていた。この長毛種の秋田犬は、捨てられて漁港をさ迷っていたところをイカ焼き屋のおかみさんに拾われ、軽トラの荷台であくびしたり、砂浜を思いきり駆けまわったりしながら暮らしているのだ。

そんなときはデジカメで写真を撮るだけじゃなく、その風景を陽射しや風やにおいといっしょにまるごと象牙や水晶の美しいマウントにリバーサルフィルムとして収めて、つらいときには取り出して氷のように口に含み、その冷たさやなめらかさを心の慰めにできないものか、と願う。人生が終わるまでに、あといくつこんな瞬間を集めていけるか考える。

逆に、楽しみにしていたはずの場所で何を見ても、いまひとつ楽しめないときもある。街や風景の美しさを殺してしまう下品なおみやげ屋群を残念に思ったり、現地の人に騙されかけたり、同じ行き先の旅人に勝手にパーティを組まれ、なかなか別行動できず難儀する。歴史がある古い街で、パブリックイメージとは裏腹な貧しさや荒れを感じることもある。旅先では体調もよく崩す。

これからも、何度もこんなつらい気持ちになるだろう。そのとき誰かがそばにいてもいなくても、ひとりで生まれて死ぬ限りは孤独からは逃れられない。むしろ誰かがそばにいることで、どうしようもなくしんどくなることのほうが多いかもしれない。どんな自分でいれば、できるだけ長く、ひとりで立って歩いていけるだろうか。

旅の途中で浮かぶ思いは、人生の終点にまで及びがちだ。家や仕事から離れた見慣れない風景の中で、ふだんから感じていることがよりくっきりと立ち上がってくる。そんな気持ちのことを主役に据えて書いてみたくなった。心に絶え間なく現れる山や谷のこと。この先に控えているだろうもっと高い頂やもっと深い闇のことを考えて、それでも死ぬまでは歩きつづけなければならないことに、ときどき途方もなくうんざりすること。

特に人生を悲観していなくても、死ぬまで生きることを考えて同じようにたまらない気持ちになる人たちと、峠で短くあいさつを交わしたい。そういう文章を今なら書けるのではないか、と思いはじめたのが、この本を書くきっかけになった。

ふだん、まわりにいる人たちとそういう話をする機会はあまりない。立派な大人たちはみんな、仕事や子育てに全力を注いでいて、自分ばかりが濁った水の中でボウフラみたいにピコピコ足掻いているような気がする。へたに人生の話なんかすると、なんだか通信簿を見せ合っているようになっていたたまれない。恋人・結婚・仕事・友達・健康・お金・家族との関係……などの欄に5段階評価で点数をつけるのは、旧友だったり親戚だったり、あるいは自分自身だったりする。

就職する前、半年に満たないくらいだが葬祭場でアルバイトをしていた。お通夜もお葬式もシフトが決まるのは前日で、宗派によってご仏膳や仏具、香典返しの準備も違い、どんくさいわたしにはなかなかハードなバイトだった。

新米のわたしは、大往生で亡くなったご老人の穏やかな式につけてもらうことが多かった。檀家と縁の深いお坊さんは読経のあと、故人の人生の歩みについて参列者に語る。それを受付で聞くのが好きだった。激しい喜びや超みっともない瞬間もあっただろう他人の人生が、お坊さんの落ち着いた語り口で容量の決まった容器に流しこまれていく。遺体が最終的に骨壺に収まるように、人生のストーリーも他人が安心して聞ける程度に角が取れ、こぢんまりした説話のサイズになる。

だが、自分のお葬式で誰かがわたしの人生の話をあんな風にいい感じにまとめてくれるかというと自信がない。そのときのために自ら書いて携帯しておく臓器提供意思表示カードと同じで、わたしがわたしの人生を好きなところで保存しておいてもいいのではないか。通信簿とはちょっと違う、最高だった瞬間と、そうでもなかった瞬間について。

死ぬこと自体はあまり怖くない。わたしは輪廻転生や来世を説く宗教を信じているわけではないので、「死＝意識の終わり」というのが、いちばん信用に足る選択肢だからだ。あらゆる生命が死んだらひとつのパン種のようなものにぐちゃぐちゃに戻っていって、また虫やウミウシや人間の製造ラインに分けられるのだったらいいなとは思っているが、あくまで希望にすぎない。

怖いのは、死の前に待っているだろうみじめさや苦痛だ。会社の保健師さんから「ポックリ死ねる人の割合って、びっくりするほど少ないんですよ」という話を聞いたときは震えた。またあるときはファイナンシャルプランナーの話を聞く機会があり、「退職後の資金は3000万〜4000万円は欲しいところだ」と教えられ、「ハハッ」とミッキーマウスみたいな笑いが洩れたこともある。年金だって、とてももらえる気がしない。

肉体的にも金銭的にも精神的にもできないことが増えていって、人生はどんどん細い道に枝分かれしていって、「あの人はもう詰んだね」というまわりの声に怯えながらも心の中で同意したりして、自分もいつか袋小路で息が止まるんだろうか。そうだとしたら、姿は見えなくてもどこかで同じように走っているはずの人たちに向けて、赤や緑の信号花火を打ち上げながら走りたい。家から遠く離れて誰も見ていない場所で、何を思ったかを書いておきたい。

「幸せな生き方」なんていうもののフォーマットはどんどん崩壊していくのに、かといって通信簿を捨てることもできないわたしたちが最後にひとつのテーブルを囲み、唾を飛ばして話し合えるのは「理想の死に方」ぐらいのものではないか。ひとりひとりの「理想の死に方」が違ってたっていいし、何を語っても、望みどおりの死に方ができるとは限らない。

この本の中では、旅先で浮かんでくる「終点」への気持ち、自分が今まで培ってきたのとは違う死生観との邂逅など、今の自分の中にあるメメント・モリについて冗長に語っていこうと思う。できれば終わりが真っ暗な袋小路ではなく、ほの明るい地平線だと感じられるようなものを。

メメント・モリ（死を想え）というラテン語は、中世ヨーロッパでは「現世の喜びは虚しい」という宗教的警句だったが、もともとは「よく生きろ、明日死ぬかもしれないのだから生きているうちに楽しめ」という意味だったらしい。わたしの書くものはたぶんそのどちらでもなくて、ちょっと脳天気な「まだ死にたくはないですが、まだ死んだことないので気になります！」なものになりそうな気がする。

旅の予定で手帳が真っ黒だ。子供のころ想像していたような自信あふれる自由人にはなれていないが、少なくとも「気のおもむくままに好きな場所に向かう」という期待にだけは（旅費と貯金との相談が欠かせないながらも）なんとか応えられていると思う。素敵なものばかりに会えるとは限らないが、小学生のとき駅で気づいたように、世界はわたしが動きつづけることを拒んではいないらしい。

旅行記を書いていていちばん嬉しかったことのひとつが、「メレ山さんのブログを参考に、あの場所に行ってきました！」と言われることだった。終点のことを考えながら上げた花火の煙色が、どこか遠くの誰かにとっての駅の発車案内板のような存在になることがもしあれば、飛び上がるほど嬉しい。

旅だけでなく、ものの感じ方や心の有りようにもきっと道しるべがある。最初の移動は、ともかく涙目で案内板を見上げることからはじまるのだ。

2 生者と死者の島

月桃《げっとう》という花が好きだ。沖縄本島や八重山《やえやま》諸島では、家の軒先や空き地に当たり前のように生えている雑草めいた植物である。花が出るときは細長く丸まって固く閉じた葉の先が次第にゆるみ、2列に並んだ蕾の房が出てくるが、ひとつひとつはらっきょうの甘酢漬けに似ている。先端がほんのりとピンク色に染まっていて、なんだかやけにセクシーだ。やがてじょうご型に開き、赤と黄のだんだら模様の唇弁《しんべん》をのぞかせる。葉からは爽やかな香りの精油が取れる。

世間様が移動する時期に動きまわるのもお金がかかるし、ちょっとした旅行なら普通の週末に有休をつけて3連休にするほうが何かと楽だ。だからゴールデンウィークはどこにも行かなくてもいいかなと思っていたが、狭い部屋で二度寝とネットサーフィンの無限ループを繰り返すことを想像すると、ぞっとしないものがある。

連休のひと月前のある夜、酔っぱらった勢いで軒先の花々にわざとらしく鼻を埋め、スンスン嗅ぎながら歩いていた帰り道。ふと月桃の花を思い出し、どうしても沖縄に行きたくなってしまった。いつもの旅行のように目的を決めて忙しなく動きまわるのではなく、ひとつの宿に暮らすように滞在するのはどうだろう。炊事場つきの宿なら、牧志《まきし》の公設市場で買った色鮮やかな見知らぬ魚を、首をかしげながら料理してみることもできる。那覇にはジュンク堂書店もあるから本を買いこんで窓辺で読んだり、それにも飽きたらカメラを持って外に出て、石垣の上を歩く猫や月桃の花を撮って……。

というのは果てしなく甘い考えで、中国や韓国・台湾からの旅行者が急増している今、観光地のビジネスホテルやドミトリーは簡単には予約が取れないのだった。もちろんいくらでも出せるという立場なら話は別だが、そんなの何にだって言えることであり、有りあまる銭さえあればすべての話は別になってくる。よって、いくらでも出せる立場の想定はまったくもって無意味なのである。

連休を目前に弱り果てていると、知人から「むしろ八重山のほうが宿が取れるんじゃないの？ネットに載ってないような旅館にはじから電話してみるといいよ」とアドバイスされた。わたしは下調べもそこそこに八重山諸島のうち西表島《いりおもて》と与那国島《よなぐに》を選び、あたふたと出かけたのだった。

八重山の玄関口である石垣島の空港から、バスで石垣港離島フェリーターミナルへ。石垣港を出た船は西表島の北にある上原港に着き、さらにバスで白浜集落へと向かう。

島の北西部、県道の終着地にある白浜は、いくつかの民家と旅館、そして小学校があるだけののどかな集落だ。宿泊する金城旅館にはときわさんという植物に詳しい女将がいて、西表島でフィールドワークをするために全国から研究者や学生が訪れる。食堂に置かれた戸棚にはときわさんが自ら海に潜って集めたおびただしい貝やサンゴが並び、2階の部屋の窓からは穏やかな入り江が一望できた。

わたしは石垣島の港で海遊び道具を買いこんだためにさらに大きくなってしまった荷物を下

ろし、しばし喜びの舞を舞った。前に西表島に来たときは島の南東エリアにある大原の港を起点にめぐったので、白浜に来るのははじめてだ。しかし、県道と防波堤の向こうに見える昼下がりの海、対岸の小さな島とそこを行き来する船影が、ここは「当たり」だと告げていた。わたしの求める、静かだが決してわびしくはない場所。

首にカメラを下げて集落を歩いていると、スーツケースからの解放と生命力の強すぎる草木が訴える南国感があいまって、無理めに切り上げてきた仕事への気持ちも消えうせ、高揚感だけがこみあげてくる。

西表島には3日しかいなかったが、ものすごく濃密な日々だった。月桃の花を嗅ぎまわるのはもちろん、フェリーで毎日、船浮《ふなうき》集落に渡った。船浮は西表島に地続きの岬だが、山が深く険しいため、歩いて行ける道路はない。ここもいくつかの民宿と飲食店があるだけで、とにかく静かな場所だ。

橙色のクロツグの花がねっとり甘く香る森を抜けると、イダの浜という入り江がある。足元はすべて、枝サンゴの欠片だ。それもそのはず、シュノーケリングのツアーに参加して見た海底には、情報量が多すぎて怖い！　と思うくらい総天然色のサンゴたちがひしめいていた。

海で遊んだら旅館に帰ってシャワーを浴び、オリオンビール片手に撮ったばかりの写真をノートパソコンで整理する。船浮で猪肉のカレーを食べたあと、お店のハンモックで軽く昼寝させてもらい、ついでにその写真をTwitterに上げていけすかないバカンス自慢をすることもあった。

　旅館の前を通る県道は、この集落には不釣合いなくらい大きな小学校の校舎の前で行き止まりになって終わるのだが、その先には海と川とマングローブの森が接する湿地がある。厳密にいうとマングローブという植物はなく、汽水域に森林を構成する植物の総称だ。西表島ではマヤプシキやヤエヤマヒルギなど、日本のマングローブ植物7種類のすべてを見ることができる。

　干潮時に泥地に下りて、しゃがんでじっと待つ。すると、片方だけが巨大な鋏を持つカニ、シオマネキが、そっと泥の中から現れる。ヒメシオマネキの鋏は上の刃が白、下が橙色に染まり、とても華やかだ。彼らは警戒心が強く、気配を感じるとすぐに巣穴に逃げこんでしまうが、石になったつもりで5分も待てば数百匹ものシオマネキに囲まれることができる。

　そして、彼らはギギギ……とぜんまい仕掛けのようなぎこちない動きで大きいほうの鋏を頭の上に高く持ち上げ、シュッと振り下ろす動きを繰り返しはじめる。この「ウェービング」と呼ばれる行動が彼らの名前の由来。潮を招いているかのように見えるからシオマネキだ。本当に潮を招いているわけではなく、この鋏はもっぱらメスへの求愛、そしてオス同士の小競り合いにも用いられる。

　地面も空気もじっとりと温かい泥地で、呼吸さえ控えめにして数百のシオマネキたちの舞を見ていると、自分が泥の一部になったかのように錯覚する。気配を殺して野生動物の世界に入れてもらうことには、麻薬みたいな魅力がある。マングローブの森はほんとうに生きものの気配が濃い。泥の中にはノコギリガザミやハゼもいるし、リュウキュウアカショウビンのキョロロロ……と鳴く声も、森の奥から響いてくる。

ヤエヤマヒルギの根は、幹から弧を描いて放射状に伸びる。入り組んだ根のドームをのぞくと、オキナワハクセンシオマネキが無心に踊っていた。灰色の甲に黒い斑点、鋏の根元はクリームがかった黄色だが、大きな鋏の刃先は白々として、泥の上でとても目立つ。そのぶん鳥に狙われやすい。命の危険と隣り合わせの嫁マネキの舞には、音のない熱気がある。能をちゃんと観たことはないが、能楽師のシテ方（主人公役）を思わせる。

ずっと見ていると吸いこまれそうだ。このまま潮が満ちてきて動けなくなり、ついにはメスのシオマネキになってカニの嫁に取られてしまうのではないだろうか。波打ち際で足指の下の砂が波にさらわれるのを楽しむときのように、心が自分の体から剝がされていく様を想像することにも甘美さがある。沖縄で言われる「マブイ（魂）を落とす」というのは、そんな感じなのだろうか。

だが、マブイを落としたというなら、西表島を離れて与那国島に渡るときのほうがそれに近い状態だったかもしれない。

いったん石垣島に戻り、翌朝のフェリーで与那国島に渡る手続きをしたわたしに渡されたのは乗船券と、きっちり三角に畳まれたエチケット袋だった。そう、「石垣島と与那国島を結ぶ「フェリーよなくに」は〝日本三大ゲロ船〟のひとつに数えられるのだ。わたしは恐怖し、乗船前に急いで近くのドラッグストアに走り、酔い止めを買って飲んだがこれが逆効果だった。

船内で眠りについてしばらくすると、なんともいえない不快感で目ざめた。低血糖のように手足に力が入らず、胃はむかつくし、意識も膜がかかったようにはっきりしない。どうやら酔い止めが体に合わなかったらしい。最近新しくなったという船はピカピカで海も凪いでいて、薬を飲まないほうがよっぽど快適に過ごせただろうに。

4時間半の悪夢の船旅を終え、島の北の集落・祖納《そない》の民宿にたどり着いても不快感はおさまらない。食事もろくに食べられず、薄い布団で寝返りを打ちながら半日をつぶし、やっと薬が抜けたと感じられたのは深夜のことだった。

日本の最西端、東シナ海を北上する黒潮がはじめて日本に出会う島が与那国島だ。沖縄本島や八重山の海といえば、浅い海の生き物を育む礁湖（イノー）がどこまでも続き、珊瑚礁が天然の防波堤となって沖で波を砕いている風景が特徴的だ。しかし、与那国島は石垣島や西表島の石西礁湖《せきせいしょうこ》とは外洋を挟んで遠く隔てられ、断崖と荒い波に囲まれている。いくつかある浜も潮の流れが速く、あまり遊泳には適していない。

ヨナグニウマの乗馬プログラムに参加して、あやうく落馬しそうになる。海底遺跡と呼ばれる奇岩をシュノーケリングで見下ろし、悠々と泳ぐウミガメを目にする。華麗な目玉模様を持つ世界最大級の蛾・ヨナグニサンを、アヤミハビル館という観察施設で見せてもらう。

楽しみにしていたはずの毎日を過ごしているのに、わたしはまるで薬の後遺症に苦しんでいるみたいだった。何を見ても、心から楽しめない。かつて人頭税の重圧に耐えかね、妊婦を飛ばせたという崖。成年男子を集め、入りきらない者を殺したという田んぼ。そんな恐ろしい言い伝えのほうに心が向いてしまう。

旅行が長くなると、たまにこういうことがある。疲れのせいか、見知らぬ土地の寂しさばかりを受信してしまうのだ。気分を変えたくていろんなアクティビティを予約し、見慣れないものにはカメラを向け、ぱっと見の行動パターンは変わらない。しかし自分で自分を「こういうの好きだよね」となだめているようで、心はどんどん沈んでいく。

もしもフェリーが週2便だけでなければ、衝動的に西表島に舞い戻っていたかもしれない。シオマネキに囲まれた日々が恋しかった。

「浦野墓地群　与那国島の死生観を感じられる場所です」

自転車を借りたレンタカーショップでもらった地図にそう書いてあるのを見て、夕食までの時間で行ってみることにした。ガイドブックには載っていなかったが、地元の人の墓地だから観光名所にしたくないのかもしれない。

墓地は祖納集落の東の外れ、海沿いの丘陵地にあるらしい。とにかく起伏の多い土地だ。地図にならって進んでいくと、道路沿いにいきなり10メートル四方はあろうかという亀甲墓《かめこうばか》が現れた。沖縄によく見られる、墓室の屋根が亀の甲羅のような形をした墓だが、こんなに大きいものははじめてだ。小高い丘の斜面と一体化していて、墓というより古墳のようだ（いや、古墳も墓のひとつには違いないが）。昔は墓室で遺体を風葬し、数年後に家族で清める洗骨という風習が行われていたという。今は火葬したあとに墓室に骨壺を納めるので、これよりずっと小型の亀甲墓もある。

墓のまわりには、膝の高さほどの草が生い茂っている。よく見ると、お墓のうしろの木立にヤギがつながれていた。お墓とは思えないようなのんきな雰囲気だ。お墓の裏側も見ようと近づいていくと、ヤギは怯えてあとずさりしながらべへェェ、と鳴いた。

海に近づくにつれ、墓地が尋常でなく広いことが分かってくる。丘陵の東側の高台に登って見回してみると、下手をすると島の集落よりも広大なのでは、と思われるほどのエリアが墓地に割かれているようだ。亀甲墓ばかりではなく、内地で見慣れた塔式墓に似たものもある。

墓地を横切る車道を走っていると、犬を散歩させている住民が不審の目を向ける。思いきって墓地の砂利道に入り、自転車を停めるとそこは死者の街だった。海のすぐそばになだらかな丘陵が不規則に連続している。その斜面を背にして立ち並ぶ、新旧取り混ぜた圧倒的な数のお墓たち。数百、いや千はあるかもしれないが、役場でも正確な数を把握できていないのではないだろうか。沖縄の墓といえば海を向いているイメージだったが、この墓たちは海に背を向け、こちらに墓室の入り口を見せている。斜面を利用した古い墓のまわりにどんどん新しい墓が建っていったらしく、不揃いな印象だ。立派な墓室を備えた亀甲墓は、小人の家が並んでいるようにも見える。

墓地の中をうろうろと歩く。白い塗料もまぶしい新しい墓、面倒を見る人がいなくなったのかほとんど崩れかけた墓、コンクリートのもの、立派な石組みのもの。海浜性の植物がびっしりと小さな花を咲かせる岩の向こうに、荒波が打ち寄せている。

いつの間にか、お気に入りの墓を探していた。特に古そうな、岩の斜面と珊瑚石の石組みが同化した墓。草花に囲まれ、岩のわずかな隙間に根を張る黄色い花を飾りにまとっていてかっこいい。さいはての島の終点にふさわしい気がした。ここ数日感じていた焦りや苛立ち、寂しさが、消えるのではなく居場所を得たように思え、気持ちが平らかになっていく。

祖納の集落に貼られていた葬儀のお知らせに、数十名を超える親族の名前が書き連ねてあったことを思い出す。こういう立派なお墓に入るのは、一生をかけて地縁血縁と向き合ってきた人たちだろう。実家のお墓への墓参りなど、もう何年もしていない。わたしはどこで、どんなお墓に入るのだろうか。

賑やかさも寂しさも、自分の感じ方次第だ。西表島でだって、シオマネキの舞に囲まれてあんなにたくさんの命を身近に感じた一方で、島では死ななくてもよかった人たちがたくさん死んでいるとも教えてもらった。第二次大戦中、西表島の南にある波照間《はてるま》島の住人たちはアメリカ軍の上陸が迫っているとして牛馬も鶏も取り上げられ、西表島のマラリア有病地域にむりやり疎開させられた。劣悪な衛生環境では、マラリアの流行を防ぎようもない。八重山諸島では、銃撃などの直接の戦争被害よりも戦争マラリアで死んだ人が多かったという。

いつの間にか、ずいぶん日が暮れてきていたのに気づく。ざっと総毛立って、あわてて自転車に飛び乗った。こんな場所で死について考えていると、お化けや幽霊が出てくるかもしれない。お化けに殺されるのが怖いのではない。ひとたびお化けに会ってしまえば、それは死後の意識が存在することの証明になってしまう。生きる面倒くささの最たる源である自意識が、死ねばぷっつりと終わると思えるから、死んだらそれまでだと思えるから安心して生きていられるのだ。

民宿でテレビをつけっ放しにしたまま、帰ったあとのことを考える。東京に帰ったら、誰かと会って何かきれいでおいしいものを食べたいな。東京に帰りたいけど、あの狭い部屋には帰りたくないな。もっと帰りたいと思えるような部屋にしたい……。

放送終了の無機質なアナウンスは怖いので流れる前に消し、布団に潜りこむ。お化けのことを考えてしまわないように、旅の楽しかった記憶をフル稼働で取り出す。

西表島で、民家の塀からのぞく月桃の花に近寄ると、男の人がふたりがかりで庭で大きな黒いプードルを洗っていたこと。プードルは木机の上におとなしく四つ足を突っ張り、大事にされている特別な存在であることに満足の意を示していた。縁側にはラジオが置かれていて、庭先に収まるくらいの音量でユニコーンの「すばらしい日々」が流れていた。

アヤミハビル館の前の芝生で放し飼いにされていた、2匹の子ヤギのこと。ヤギの顔は、子ヤギであっても怖い。横に細長い瞳孔は虚無を映しているが、そんな彼らが延々と興じていたのは、マンホールのふたか何かによじ登り、ツルツルとひづめが滑るのを楽しむ遊びだった。写真を撮っていると、遠くで親ヤギが心配してベェベェと鳴いた。

さらに、まだ見たことのない海草・ウミショウブの花の旅のことを考える。金城旅館のときわさんが言っていた。梅雨明けの大潮の日、ウミショウブの雄花は本体から離れて西表島の入り江に浮上してくる。雄花は反り返った花弁を使って器用に海面に直立し、その姿はまるでポップコーン、あるいは人間の抜けた歯のようだという。少しの風を受けて素晴らしい速さで走り、海面すれすれで待ち受ける雌花に出会う。花の婚礼で、海面が真っ白になる。

人も動物もなく、生者と死者の大勢の気配がやがてひとつになる。ほかの何者にもなれず、自分だけで世界との対峙を続けなければならない、生きている限りは続く面倒くささ、心細さがしばしの間薄れていく。花や虫は、何をすべきかよく知っている。遺伝子を残すために平気で数をたのむ姿はすごい。心がない奴らは強い、勝てない……そう思いながら、わたしは少し安心して眠りに落ちていった。

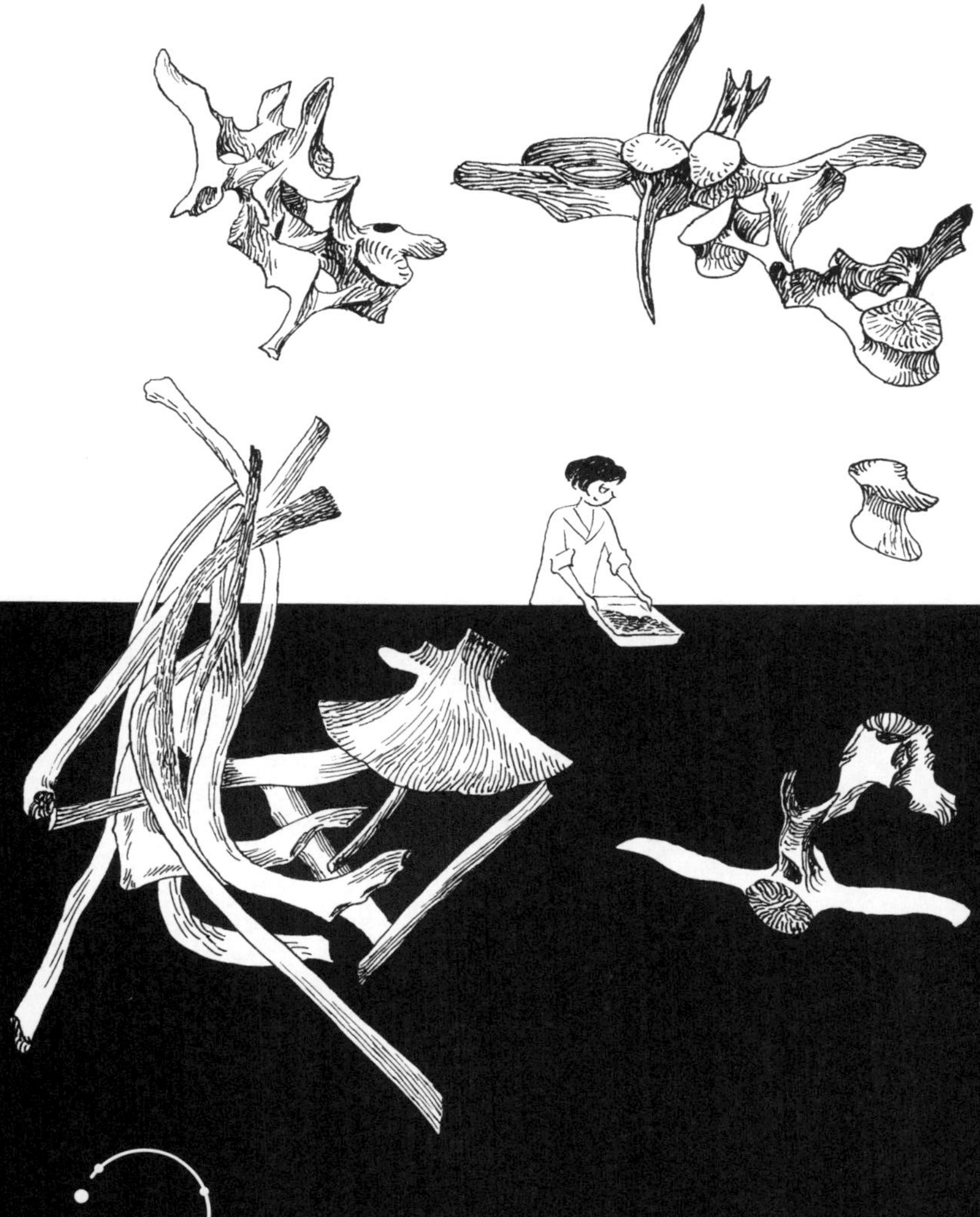

3

標本作りという弔い、そして伝染する好奇心

「虎は死して皮を留め、人は死して名を残す」

中国の古いことわざだ。虎は死んでも立派な皮を残し珍重されるが、人の場合は名声や名誉が死後に長く残るような生き方を心がけよという意味らしい。昔、このことわざを習ったときには「人が名を残すのはともかく、虎は皮を引っぺがされて応接間に飾られたいなんて思っちゃいないよなあ……」と思ったものだ。

だが、今ならちょっと違うイメージも浮かんでくる。生きものが死んだあと、その体に別の価値を留めるために奔走する人たちがいることを、わたしは知っている。

自分が死ぬことや死んだあとのことをくよくよ考えるのは、生きものの中でもおそらく人間だけだ。そしてわたしは、人類の中でもひときわくよくよしているほうに属している。自分でもそのことに飽き飽きして、複雑な感情を持たない生きものに憧れたりする。

いくら考えても、結論の出る話ではない。でも、これから紹介する人たちの活動は、生きることの面倒くささに対するひとつの答えではないかと思う。生きものが死んだあとも自分が死んだあとも連綿と続いていく「価値」に関わることが、自分をちょっと楽にしてくれる、そんな場所がある。

2013年の1月早朝、わたしは寒さに身を縮めながら東京から大阪へ向かった。品川を出発した新幹線が新大阪に近づくにつれ、緊張は高まっていく。

新大阪から地下鉄に乗り換え、澄みきった冬空の下、広い長居公園を歩く。公園の奥にある博物館の通用口で、警備員さんに「入団試験に来ました」と告げる。実習室をのぞくと、嗅ぎなれないにおい——血なまぐさくはないが、動物の皮と肉の発する独特のにおいが、むっと鼻をついた。

大阪市立自然史博物館を拠点に活動するサークル、それが「なにわホネホネ団」だ。全国から届けられる動物の死体を解剖し、骨格標本や剝製を作る団体である。今日はその活動日で、実習室の机にはこの日のために、冷凍庫から出してきて解凍された動物の死体がいくつか並んでいる。白衣を羽織り、使い捨てのゴム手袋をつけたわたしは、その中から入団試験に使う動物を選ぶことになった。

ホネホネ団の入団希望者に課される試験、それは「タヌキ大の動物の〝皮剝き〟を、ひとりでやりとげる」こと。不器用さには自信があるし、魚すらまともにさばいたことがない。「ひ、比較的失敗してもいいやつを……」と言いかけると「失敗してもいいやつはないんですよ！」と、にこやかに諫められた。そりゃそうだ。

「ああ、でもそこのテンはすごく状態がいいから、たしかに初心者向けではないかな」

新聞紙の上に広げられた夏毛のホンドテンは、目立つ外傷もない。胸の黄色い毛並みが、まだ生きているように鮮やかな色で美しかった。これにヘタクソが余計な傷をつけてしまってはもったいない。交通事故に遭った子ネコ、ひどい疥癬《かいせん》にかかったタヌキ……と見ていって、わたしが選んだのはアライグマだった。

「このアライグマも見た目はきれいですけど、なんで死んだんですか?」

「北海道で作物を荒らしまくったあげく、夏の炎天下のビニールハウスに閉じこめられたんだって」

昔の子供向けアニメのイメージからか、アライグマは愛くるしい動物というイメージが強い。しかし、成獣はかなり凶暴だ。北米からペットとして輸入されたアライグマは持てあまされて捨てられたり、あるいは逃げ出して野生化し、深刻な獣害を引き起こしている。

まずは体の各部の長さを計測し、用紙に記入する。体表にダニなどがついていないかも確認し、いればアルコールの入った瓶に採集する。外部寄生虫も貴重な標本として見逃さないのだ。それが終わるといよいよメスを握り、仰向けにしたアライグマの胸部から腹部にかけて切りこみを入れる。皮一枚ぶんだけの厚みをすっと切らないといけないのだが、「皮一枚ぶんだけの厚み」を知らないものとしては、力の見当すらつかずびくびくものだ。

さらに、4本の肢のほうに向けて切りこみを入れる。利き手でないほうの手で皮をしっかりと引っ張りながら、メスで肉と皮をつなぐ膜を撫でていくと、毛皮と肉がきれいに離れていく。最初は恐る恐るだが、慣れてくると次第に無心になれる単純作業だ。時には鋏などに持ちかえつつ、皮を剝いた四肢を胴から切り離す。ベテランの団員が横で別の動物を処理しながら見ていてくれるので、分からないところは訊きながら慎重に進めていく。

それにしても、この部屋の熱気ときたらなんだろう？　作業しながら、わたしは部屋を見回した。昼に近づくにつれ人が増え、20人ほどが思い思いに作業している。イルカの骨を組み立てる人、自分で拾ってきた小動物の死体を処理する人、机に乗って大物の解体に取り組む人。そのほとんどが、楽しそうに雑談しながら手を動かしている。おしゃべりの内容も、生きもののことばかりだ。動物の死体を処理するのだからもっと厳粛なムードで、私語をすると怒られたりするのかと思っていた。でも、この雰囲気はなんだか悪くない。

各人に課せられる作業ノルマもなく、出入り自由だ。どう見ても小学生の女の子が「こんにちは〜」と入ってきて、慣れた手つきで皮剝きをはじめる。

子供がホネホネ団に入団するとき、保護者の同意は必須ではない。親子で所属している団員もいるが、子供が動物の死体に興味を示すことを喜んでくれる親ばかりではない。刃物を扱うリスクもある。どうしても親の理解が得られなければ、自分だけの気持ちで博物館に来ることができる。そのリスクを引き受けているホネホネ団の努力や矜持は、並大抵のものではないのだろう。

小学生がまわりの大人たちと生きもの話に興じ、新米らしい団員がいれば「ちょっと貸して」と、難しいところをいっしょにやってみせる。ここではごく当たり前らしい、そんな風景がわたしにはものすごく輝いて見えた。子供のころの自分に、家でも学校でもない、こんなに自由で好奇心に満ちた場所があることを教えてあげたかった。

2016年6月末現在、なにわホネホネ団の団員登録者数は330人を超えている(わたしのように、ほとんど活動できていない幽霊団員も含まれている)が、もともとはたった3人の私的な活動だったらしい。団長の西澤真樹子《にしざわまきこ》さんは、生きものに関する仕事をしたくて博物館でアルバイトをはじめた。最初に任されたのは、エクセルに標本のデータを入力する仕事だ。そのうち、博物館の冷凍庫に巨大な「氷河」があることを知る。

博物館にある「標本」のうち、ふだん来館者が目にするようなポーズのついた剝製はほんの一部だ。組み立てずひとつの箱にまとめられた骨、平らになめされた毛皮、DNA情報を残す体組織はもちろんのこと、体表についたダニ、胃の内容物、死因、巣や足跡などの痕跡までもが、すべて「標本」としての価値を持ちうる。

すぐに役に立つとは限らない。しかし、様々な研究や展示のため、標本は博物館や研究機関の間で盛んにやりとりされる。標本を保存・保管し、それを必要とする人間がルールさえ守ればいつでもレファレンスできる状態にしておくことは、博物館の大事な役割のひとつなのだ。人類の知識を歴史の中で積み重ねていくための、気が遠くなるような地味な作業。

ところが、その役割を担うはずの博物館の学芸員は、ほかにもわんさか仕事を抱えている。日本の博物館には、標本作りなどを担当する専任のテクニシャンがいない。「雑芸員」と自嘲する人もいるほど忙殺されている日々の中、各地から死体が届く。とりあえず、腐る前に冷凍庫に入れる。かくして、冷凍庫に「氷河」が形成されていくのである。

西澤さんは、少しずつ氷河を溶かしはじめた。最初は仕事が終わったあと、博物館内の3人だけで作業していたそうだ。活動の成果を博物館のイベントで発表し、それを見た小学生が「自分もやりたい！」と言い出したのが、市民活動としてのホネホネ団のはじまりだった。

「メレ山さん、入団おめでとうございます〜」

実習室でまわりの団員に拍手してもらいながら、わたしは（つ、次やるときはもっと凹凸の少ない動物でやるんだ……）と決意していた。ネコやタヌキの後肢の指は4本だが、アライグマは5本だ。足指の皮剝きはなかなか繊細さを要する作業で、疲労困憊してしまった。

朝から夕方まで、だいたい6時間ほどアライグマと格闘していたことになる。試験といっても特別な技能を見るものではなく、死体へのある程度の耐性や集中力がポイントらしい。冷やかしの参加を排除するための適度なハードルにもなっているのだろう。

毛皮と肉に分かれたアライグマを見る。管理用のタグをつけられた毛皮は力なくペションとして、まるでアニメ「トムとジェリー」の、ジェリーに巨大なハンマーで叩きつぶされたトムみたいな間抜けな風情がある。本体のほうは頭骨や牙が剝き出しになり、アライグマの凶暴な一面をより体現しているみたいだ。1匹の獣が、性質の違う2匹に分かれたように見えて不思議な感じがした。

疥癬のタヌキは、わたしがアライグマと格闘している間に、ほかの団員によってとっくの昔に剝かれていた。タヌキのダニ疥癬症は、全国に蔓延している。疥癬が直接の死因となるわけではないが見た目にとても痛々しく、抵抗力が落ちてほかの病気にもかかりやすくなる。このタヌキも衰弱して死に至ったのだろう。ただれた皮膚を脱いだ本体はまるで痒みから解放されたようでもあり、「きれいに処理してもらえてよかった……」という気持ちになる。

小さいころ、鳥や小動物の死体を見つけたら土に埋めてアイスの棒や丸い石を墓標に立て、手を合わせてお葬式の真似事をしたのを思い出す。入団試験に来る前には予想もしていなかったが、わたしの中に生まれた「死んだものに対して手を尽くしたあとの、ひと区切りがついたという安堵といたわりの気持ち」は、標本作りもお葬式ごっこも、とても似ているように思えた。死後の復活に備えてミイラを作った古代エジプトの職人たちも、こんな気持ちになっただろうか。

せっかく入団したものの、やはり東京から大阪は遠い。そのあと虫の本を作りはじめ、毎週末あちこちに出張るようになったこともあり、あっという間に月日が経ってしまった。ホネホネ団のメーリングリストには、事務局長・学芸員の和田岳《わだたけし》さんから作業日と処理する生きものの予定が回ってくる。「あぁっ！　動物園でしかお目にかかれないこんな動物が……！」と身悶えしたことも、一度や二度ではない。

大型動物の回を狙って、先日2回目のホネ活動に参加してきた。実習室のドアを開けた瞬間、わっと鼻をつくあのにおい。作業しているうちにけっこう慣れてしまうのだが、やはり最初は鼻にくる。机には大型犬、羊、そして若いアルパカが並び、どれも数人がむらがって作業している。

共有の作業ノートに名前を記入しようとして、そこにある注意書きに気がついた。

「写真撮影はしてもOKですが、基本的に個人の資料としてください。文字数制限があり、活動の意義を十分に説明できないSNSなどに作業中の写真をうかつにアップすることは禁止です！ マナーを守れない人は団長がしばきます」

写真撮影やアップロードを全面的に禁止するほうが、運営側としてはよっぽど楽なはずだ。でも、参加者の好奇心や情報発信は矯《た》めないようにする。大人な方針である。

久しぶりの実習室内をまわりながら、団員のひとり・たぬケル氏お手製の、鳥の骨のギミックを見せてもらったりする。博物館のワークショップで、鳥の手羽先標本を作る際に使うのだそうだ。黒い板にネジで留められた白い骨の模型がなめらかに動いて、手羽先の仕組みや動きがよく分かる。

団員の素性は学生・会社員・獣医・研究者・画家など多岐にわたるが、動物に関わる仕事やクリエイターの割合が高めだ。各地に遠征してイベントに出たり、ワークショップを開催することも多い。作ることや表現することに長けた人が多いのも、ホネホネ団の特徴のひとつだ。「ホネホネ団員って、そこいらの学芸員よりよっぽどワークショップがうまいんだよね。標本と長机とマジックと画用紙があれば、どこでも人を集めてワークショップをはじめられる」と、知り合いの学芸員が言っていたのを思い出した。適性のある人が集まるだけでなく、そういう人が育つ環境なのだろう。この賑やかな実習室にいると、それが実感できる。

しばらくうろうろしてから、立派な巻き角を持つ羊の解体チームに混ぜてもらった。大物は解凍に時間がかかるので、羊の身体はまだじっとりと冷たい。すでに誰かが作業したところから、肋骨のあたりをチョイチョイと皮剝きする。

参加者が増えてきて、若干混みあってきたな……と思っていると、「そろそろ胸椎と腰椎外せるんちゃうかな？　やってみる？」と声をかけてもらった。腰から下を外せば、別々に作業をしやすくなるわけだ。

椎骨の山の部分を指で探り当て、そこからメスを入れて刃を小さく動かし、骨の中のやわらかい組織をコチコチと砕く。そして胸側と腰側の双方をみんなで押さえて力をかけ、一気に外す。「上側の内臓も出してしまおうか。ここの横隔膜をピーッて開いてみて」いちばん下の肋骨に沿って膜にメスを当てると、そこから体内の空気がどっと漏れ出して「わっ」と声が出た。内臓はまだ凍っているので、くさくはないのが幸いだ。これがクジラや海獣類の処理だと、漂着しているのを見つけた時点で腐っているので本当にヤバいと聞く。どれくらいヤバいのか、いつかこの身で体験してみたい。しかしなんだろう、この湧き上がる楽しさは。

「じゃあついでに、頸椎と胸椎も外そうか」と言われたところでふと我に返り、横でじっと見ていた見学者の女性に「次、やってみたいですか?」と声をかけると、目を輝かせて「……!!!やります!!!」と言う。やはり、テンションが上がっているのはわたしだけではないのである。

おなかのほうには、灰色の第一胃がドーンと鎮座している。ホルモン料理だと「ミノ」と呼ばれる反芻用の胃だ。同じく反芻用の第二胃(ハチノス)、選別・吸収用の第三胃(センマイ)、消化用の第四胃(ギアラ)と続く。羊は反芻胃で咀嚼した草をこきまぜて胃中の共生微生物によって発酵させ、そうしてできた有機物を吸収するのだ。草を食べているだけと見せかけて、すごいことをやってのけている。

皮剝きがおおかた終わり、骨から肉を外す〝肉取り〟のフェーズに移行すると、さっきまでの高揚感はサーッと引いていく。肋骨や肢まわりはまだ骨や筋に沿って肉を取りやすいが、与えられたのは仙骨という骨盤近くの複雑な形状をした骨。付着した肉をひたすら取り除いていくのは、みんなでワイワイ雑談しながらやるのでもなければ常人には乗り切れない苦行だ。

肉取りの済んだ骨は、目の粗いネットに入れられてタグをつけられる。この骨たちは地中に埋められたり、あるいは晒骨機《しゃこつき》というエアレーションで分解を早める装置(ホネホネ団では「ブクブク槽」という分かりやすい愛称で呼ばれている)に入れられたりして、手では取りきれない細かい肉を取り除かれ、ようやく骨格標本になる。毛皮は防腐処理し、段ボールなどに固定して乾燥させる。博物館のフロントで人に見せるために組み立てられるのはほんの一部だが、詰めものをされていない毛皮も組み立てられていない骨も、きちんとデータさえ揃っていれば価値で劣るところのない標本なのだ。

写真や情報の配信についてなにわホネホネ団が気を配っているのは、単に動物の死体に慣れていない人にはショッキングだから、ということだけではない。

博物館には野生動物だけでなく、動物園で死んだ動物も送られてくる。動物園の動物には、ほとんどと言っていいほど固定のファンがいて、とても愛されている。そういう人にとっては、死んだ動物は「1匹のゾウ」ではなく「ゾウのタロウ」だったり「ライオンのテツ」なのだ。大好きな動物が死んだときに「今日はゾウのタロウを標本にするよ！　楽しみだな〜」なんてつぶやきや解体中の写真などをネットで見かけてしまったら、理屈はどうあってもつらいのが普通だろう。

もちろん、解剖をする側にも言い分はある。動物園で死んだ動物は、多くの場合はペット霊園のような葬送の手続きをとることはできず、事業ゴミとして焼却処理されてしまう。それを知っていれば、標本や剥製として残すことに弔いにも似た意義を感じられなくもない。

ふだんは近づくことすらできない動物に死体でもいいから触りたい、動物の体の仕組みを内側から知りたいという、よく言えば好奇心、悪く言えば野次馬な気持ちはわたしにもある。でも、標本作りに参加して感じたことはそれだけではない。動物の死体を不用意に傷つけないように注意を払って解剖し、数十年から数百年にもわたって続く価値を与えることには、お墓を作って祈りを捧げることにも似た感慨があった。

動物園に日参する人も、キリンの解剖に心躍らせる人も、ベクトルは違うけれど生きものが大好きなのだ。ホネホネ団が日々注意深くバランスを取りながら発信を続けている姿勢は、内向きにも外向きにも誠実ですごいなあと思う。

わたしが標本作りに興味を持つきっかけとなった本がある。博物学者の盛口満《もりぐちみつる》さんと自然写真家の安田守《やすだまもる》さんによる『骨の学校　ぼくらの骨格標本のつくり方』(木魂社)は、ホネホネ団の前史としても読むことができる。本に出てくるのは、著者の両氏が埼玉県にある自由の森学園という学校で理科の先生をしていたころの話だ。理科室で生徒といっしょに取り組みはじめた骨格標本作りの活動はスケールをどんどん広げ、フライドチキンや豚足から標本を作ったり、海岸に漂着したクジラの骨を拾いに行ったり。

生徒の中でも抜きん出た標本作りの才能を発揮し、ドイツの標本士養成学校に進んで日本でただひとりの標本士になった相川稔《あいかわみのる》さんも登場する。そして、ホネホネ団の団長・西澤さんも、盛口さんらの教え子のひとりだ。標本作りに関するサークルは大小様々な規模のものが全国に生まれていて、そんなサークルが集まって活動内容を披露する大規模イベント「ホネホネサミット」も開催されている。

虎は死して皮を残し、人は死して名を残す。虎も人も、死後に残せるものは意外と多い。お金持ちの家の広間には飾れないような疥癬まみれの虎の皮だって、おそらくこのことわざを作った人が思っていたより多くのことを語れるのだ。そして人が残せるものには、名声や名誉だけではなくて、好奇心も含まれているんじゃないかと思う。

好奇心は、若いうちはやわらかく倒れやすい芽かもしれない。親や先生の叱責、周囲の奇異の目を気にして、すぐに引っこんでしまう。でも、好奇心がひときわ強い人は、自分の好奇心を育むだけでなく、他人の心にもその種をまくことができる。

そういえば、先日博物館を訪れたときにやっていた企画展「たまごとたね」でライオンゴロシというゴマ科の植物の種を見た。放射状のトゲを持つテニスボール大の種子は一度くっつくとなかなか取れず、ライオンですら手を焼くという。ライオンやサバンナの大型動物の肢にくっつき、遠くに運ばれていく。好奇心の種も、目に見えるならきっとライオンゴロシぐらいしたたかだ。いろんな人にひっついていって、さらに次の場所ですくすく育つ。

わたしはせめて、そんな場面をひとつでも多く目撃して、書き残していきたいと思う。小さいころから何度も人に踏まれ、自分でも踏みつけてきた好奇心の芽にとって、それがいちばんの栄養になる。今はそんな気がしているのだ。

4

越後妻有、怒涛のセンチメンタル

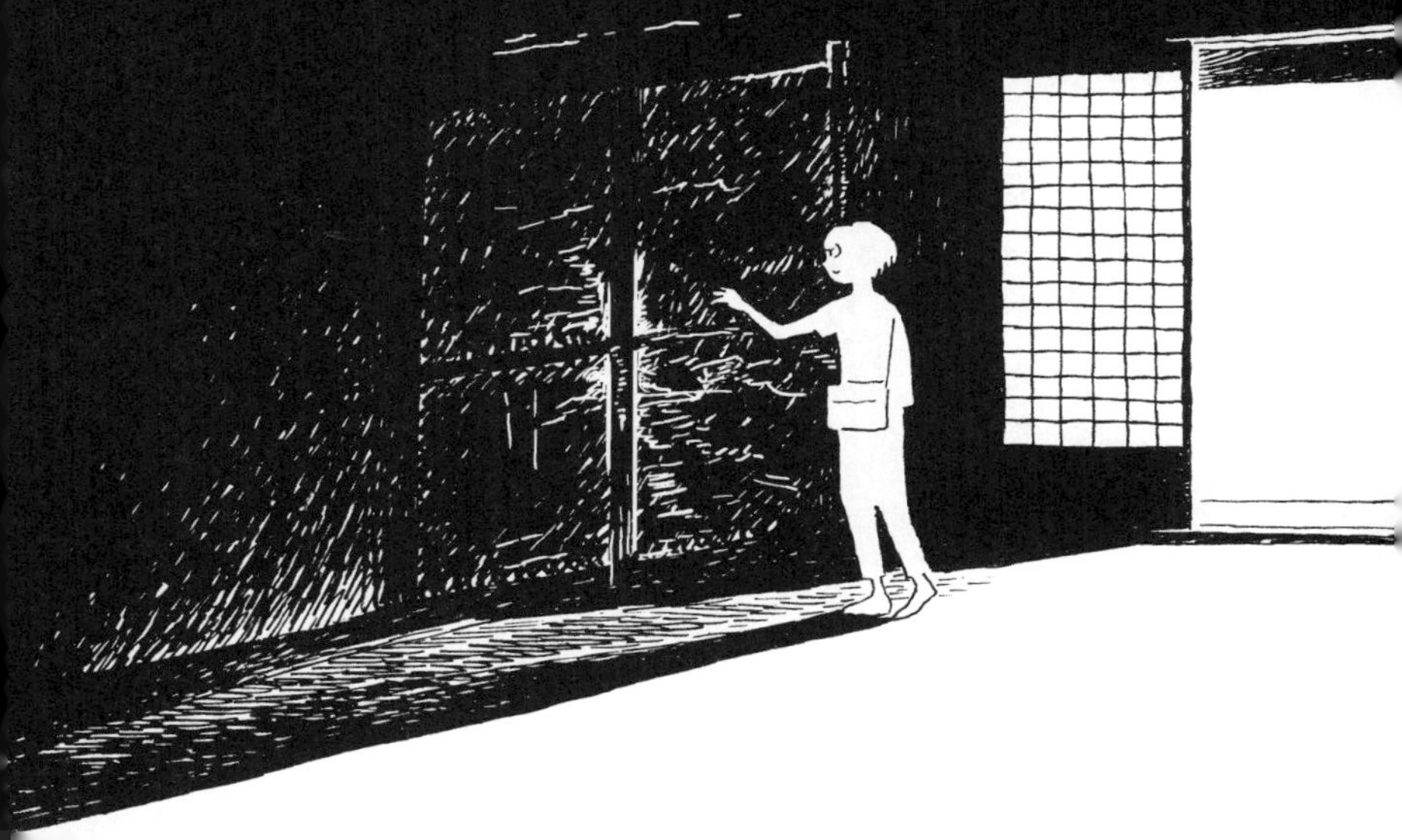

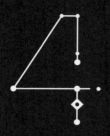

わたしは有頂天だった。まつだい駅で朝一番に借りた電動自転車は、素晴らしい旅の相棒だ。ペダルを踏みこむたびに、バッテリーが力強くサポートしてくれる感覚、まるで翼が生えたようだ。昨日のうっとうしい雨も夜のうちに上がり、湿った風が棚田に吹き渡っている。

3キロ弱の山道を電気の力で登りきり、蓬平《よもぎひら》の集落に入ると、今度は恐ろしく急なぐねぐねの下り坂が待っている。こんな険しい場所を拓いて田を作り、家を建てた人たちの努力に目眩がしそう、と思いながら、わたしはブレーキレバーを力いっぱい握ってそろそろと下っていった。

集落の中に建つ「影向《ようごう》の家」の前にはスタッフの男性がいて「すみません、機材の準備があるので10時までお待ちください」と声をかけてきた。わたしはトンボやハチの飛びまわる小さな蓮池をのぞいたり、田んぼに実る稲穂の香ばしいにおいを嗅ぎながら、カメラを抱えて周囲をぶらぶらと歩きまわった。

越後妻有《えちごつまり》の人々は、本当に働き者なのだろう。どの谷にも整然とした棚田が作られているだけでなく、家の周囲のちょっとした地面にも花をみっしり植える。真っ赤な鶏頭《けいとう》、立葵《たちあおい》、ヘブンリーブルーという品種の空色の朝顔、ヒマワリ、アルストロメリア、ムクゲ、ハナトラノオ……園芸種の花々の競演を眺めていると、近くの民家からおばあさんが出てきた。

「そこの朝顔はね、今年はもうひと株作ろうと思って植えたんだけど、肥料をやりすぎたら花がひとつも出なかったの」たしかに、空色の花をつけているひとむらとは別に、葉がわさわさと這いのぼるばかりの茂みがある。

「そこの花もね、高さのバランスが悪くて失敗。こっちの多年草はもうどう育つか分かってるけど、はじめてやる花は難しくて……。油かすを多めにまいたら、除けたつもりの花までまた咲いちゃって」

「そうですか？　そこの鶏頭、すごく立派に咲いてますけど」

「それもね、もっと控えめな花だと思って手前に植えたのに、咲いてみたら派手すぎたねえ」

おばあさんは少しためらってから、家に上がっていくかと誘ってくれた。囲炉裏のある立派な家だが、「昔は毎日雑巾をかけてたけど、年を取るとまず掃除がだめで、お恥ずかしい……」と照れている。きゅうりのお漬けもの、ふかし芋、切って冷やした小さなメロンなど、地もののおやつが無限に出てきて、なるほど、人にも肥料をやりすぎるタイプ……と納得しながらありがたくいただく。

芸術祭を見に来たの？　はい、影向の家が開くのを待ってます。あの家もずいぶん立派なお家なのに、空き家になっちゃったんですね。うん、大旦那さんの家だけど、住む人がいなくなっちゃって。あそこでアートをやってる大巻《おおまき》（伸嗣《しんじ》）さんって、世界的に有名な人なんだってね。わたしらも芸術祭の前に見せてもらったけど、きれいなもんだった。一度に5人くらいしか見られないから、週末はずっと並んでも見られずに帰る人もいたよ。

あの家はアートのために暗くしないといけないから窓に掛け板をしてあるけど、冬はどこの家もああするの。雪が2階まで積もって、雪の重みで窓ガラスが割れるから。家の中が暗くなって、冬が長あくて、心が小《ち》さ《い》うなるような気がする。

この辺の子たちはみんな、中学も高校も松代《まつだい》に歩いて通ってたの。先導の大人がふたり、かんじきで道作って、そのうしろに子供たちがついてって。大雪すぎると学校もなくなるけど、この辺の男はみんな出稼ぎに出てて、雪かきは嫁ひとりの仕事だから、子供に助けてもらえる日は嬉しかった。子供らも文句も言わずに手伝ってくれたけど、そんな冬がほとほと嫌になったかね、東京やら神奈川やらに出て、たまに帰ってくるけど住みたくはないみたいね。あなたも東京から来たの？


おばあさんの家を辞したわたしは、影向の家に入っていった。芸術祭の黄色いパスポートにスタンプを捺してもらい、小さな部屋に通される。お化け屋敷のように暗く、天井から吊るされた裸電球の明かりが、ぽつんと床に置かれた折れ釘のまわりをくるくる回っている。「影向とは、神仏が仮の姿で現世に現れることを意味した言葉です」小さな椅子に座って、作品の説明を神妙に聞く。

急な階段を這うように登ると、そこは桟敷《さじき》席になっていた。手すりの向こうは1階から天井裏までの吹き抜けで、立派な梁が剝き出しになっている。闇の中、1階にはうっすらとライトアップされた井桁《いげた》があり、そこからシャボン玉がキラキラと吹き出してくる。

ひときわ大きなシャボン玉がゆらゆらと浮かび上がった。白い煙を含んだ球は、蝶の卵のように真珠色にゆらめき、桟敷で見ているわたしたちの目線のあたりを漂って、やがてふっと割れる。シャボン玉の中の煙が、どっとあふれ出して形を変えては消える。いつまでも眺めていられそうだ。

大地の芸術祭・越後妻有アートトリエンナーレは、新潟県の南、妻有郷と呼ばれる十日町市・津南町を舞台に3年ごとの夏に開かれる芸術祭で、2015年に開催6回目を迎えた。約760平方キロメートルにもわたって広がる約200の集落・6つの大エリアに、新作180点を含む約380点の作品が点在しており、一度や二度の訪問では見きれないとんでもない規模の芸術祭だ。

はじめて大地の芸術祭を訪れたのは、2015年の8月はじめだった。車の運転ができる友人を誘い出し、分厚いガイドブックのページを何カ所も折りながら盛夏の妻有に向かう。越後湯沢から上越線に乗り換えると、いくつものトンネルと水田が交互に現れ、旅情がぐんぐんと増してきた。

まずは芸術祭のターミナルのひとつ、十日町駅へ。越後妻有里山現代美術館キナーレ（通称：十日町キナーレ）に入場すると、そこには蔡國強《ツァイ・グオチャン》の目玉作品「蓬萊山《ほうらいさん》」が聳《そび》えている。

浅い水の上に霧を吐きながらこんもり可愛らしく佇む、中国の伝説の神山。その四方にある回廊には、稲わらで作られた大量の船や飛行機が気持ちのいい線を描いて飛び回っている。めでたく躍動感のある構成だが、回りこんで見ると蓬莱山のうしろ半分はすっぱりと無く、さらけ出されたパイプ組みがハリボテ感を強調している。稲わらのオブジェはよく見ると戦闘機で、特に入り口近くの特大の船は、航空機用の飛行甲板を備えた気合いの入った軍艦だ。いびつで、魅力的な桃源郷。

中国に生まれ、日本で火薬を用いたアートワークを考案し、今はニューヨークに拠点を構えるスター美術家は、北京オリンピックやAPECの演出などの国家事業に携わるディレクターでもある。この年の夏に、横浜美術館の蔡國強展で見た「壁撞き」という作品を思い出す。99匹の狼のレプリカが乱れ舞い、弾き飛ばされながら挑戦を続ける透明な壁は、ベルリンの壁と同じ高さに設定されていた。体制側とも上手に付き合いつつ、骨太な作品を発表し続ける姿は巨人を思わせる。

市街地の中にも作品は点在していて、町中のコインランドリーや空き家にぎょっとするような異世界が見られて楽しい。しかし、特にスケールが大きい作品は、過疎化が進む周縁部の集落にある。

松之山《まつのやま》の廃校・旧東川小学校で、クリスチャン・ボルタンスキーとジャン・カルマンの「最後の教室」を見た。3階建て校舎と体育館をまるごと使ったインスタレーションだ。体育館に敷きつめられた稲わらのむっとする香りと、星のように明滅する無数の電球、何台もの扇風機の風。暗く長い廊下の向こうからあふれ出す白い光、心臓の鼓動に似た暴力的な拍音。肖像画や絵画が飾られていただろう壁には漆黒のパネルが掲げられ、蛍光灯と白い布で飾られた棺のような教室、そして最奥の部屋には、地元の人々が持ち寄った運動靴やはちまきなどの思い出の品がそっと飾られている。かつてここにあっただろうざわめきを生々しく切り取り、観客に投げつけてくる。「忘れるな」というメッセージは暴力だ、と思わせる。

塩田千春《しおたちはる》「家の記憶」は黒のアクリル毛糸550個・長さにして44キロメートルぶんを使い、空き家の天井裏に至るまで、絡みつく記憶を蜘蛛の巣のように張りめぐらせた作品だ。編みこまれて廃屋と一体となっているものたちは、地元の人から集めた「いらないけれども捨てられないもの」だという。

美しい田園の中に現れる不思議な光景にはしゃぎながらも、ここにいた人々の影と不在のイメージが積もっていく。もっと「アートで町おこし」的なものを想像していたが、こんなに寂しいイメージを来た人に与えてしまって大丈夫なのかと心配になるくらいだ。孤独が海賊のように、鉤つきのロープを船縁に投げ、巧みに船を寄せて心に乗り移ってくる。

もちろん、そのような作品ばかりではなかった。たとえば日本大学藝術学部美術学科彫刻コースの学生たちが古民家をくまなく彫刻刀で刻み、新鮮な空間に生まれ変わらせた「脱皮する家」

は、再生を強く感じさせる。要所要所には芸術祭の公式サポーター「こへび隊」がいて、笑顔で冷たい麦茶やスイカをすすめてくれる。当初は地元の反発もあったという芸術祭は、歴史を重ねて確実に新しい土地の一部になっている。

それでも、5メートルの積雪に半年近くも降りこめられる過酷な冬や、険しい河岸段丘の地形をものともせず、人々が分け入って増え続けていった時代のようなエネルギーがこの土地に(いや、この国にも)あふれることはもうないだろう。作家たちがこの場所と真摯に向き合うほどに、大地が集落を端から飲みこんでいく音が聞こえたのではないか。

わたしの足を釘付けにしたのはこの土地が持つ記憶だけではなく、自分自身の故郷の記憶でもある。大分にいたとき、わたしはいつも「いつかここを出て行って、自分の場所を見つける」と思っていたし、親もそのつもりで育ててくれた。たまに帰省することはあっても、大分に住むことはおそらく一生ない。それでいいのだという思いとわずかなうしろめたさの間で、細かく針が振れる。わざわざ金と時間をかけてよその田舎に行き、不在の記憶に刺激されるのは、滑稽なことかもしれない。

稲の波間に立つ鉄塔、背の高い杉に守られた古いお社、豪雪に耐えるかまぼこ型の倉庫。そうした美しい風景を車窓から眺めていると怒濤のセンチメンタルが心を浸していく。それは強くておいしいお酒のようで、決して不快ではなかった。

そんな盛夏の妻有の思い出が強烈すぎて、翌月にもまた、発作的に休みをとって再訪してしまった。今回はひとりなので車がない。周遊バス・タクシーのコースもあるが、あのセンチメンタルとことん付き合うためには、自分の気持ちだけを羅針盤にすることが必須条件なのだ。場面は冒頭に戻る。影向の家を出たあとも、わたしは電車と電動自転車を乗り換えながら作品めぐりを続けた。延々と続く丘陵のヘアピンカーブを乗り越えて5キロメートルほど走る。さすがに疲れてきたが、Tシャツを通る風が汗を冷やすと、よだれが出そうなほど気持ちいい。

少し離れた場所に気になる作品があり、そこだけはタクシーのお世話になった。目的地の近くには、旧枯木又《かれきまた》分校という小学校がある。運転手のおっちゃんによれば、3年ほど前に廃校になったそうだ。

「今は集落の子供たち、みんなスクールバスで学校に通ってるんですけど、広すぎてバスだけじゃ足りないんでタクシーも自治体と送迎契約してるんですよ。畑だけを残して、町のほうに家移す人も多いですね」

「そうやって空き家になった家で、アート作品をやってるんですね」

「わたしらには正直、アートとかは難しくてよく分かんないけどね。都会からアートの人がこんなところまでやって来て、それを見に都会からまた人が来て、なんだか不思議でねえ」

「あ、いや、見に来てるほうも別によく分かってるわけでは……でも、この土地は自然の力もそこを開墾した人の力も感じられるじゃないですか。すごくきれいなところだし、ここじゃないと意味がない作品、いっぱいありました」

「そういうもんかなあ、ずっとここにいると分かんないよねえ、あなたは東京の出身なの？」

「いえ、わたしは大分の別府です」

「大分！　九州にだって田んぼはあるでしょう」

「田んぼもありますけど、なんか山と瀬戸内海の間の坂に張りついて住んでる感じで、山側には柑橘の畑も多いんです。海も山も見えて、湯煙があちこちから上がっていて……」

故郷の特徴を説明しようとすると、うまく言葉が出てこない。しばらく実家に帰っていないが、今や大分でもいくつかの芸術祭が開催されているらしい。行ってきた人からたまに聞く別府の話は、まるでわたしが育った町とは別のところみたいで、はっきりした像を結ばないのだ。芸術祭によって強調される土地の輪郭は、地元の感覚と完全には重ならない一方で、わたしのような訪れる人が持つ故郷の記憶も刺激する。作家たちの故郷への気持ちも、作品には深く混ざっているだろうし。

中島加耶子《なかしまかやこ》「最後に継ぐ家」は、「金継ぎ」を家の古傷に施した作品だ。金継ぎは、普通は家ではなく器に対してやるもので、割れた陶磁器を漆で接着して傷を埋め、金粉を蒔いて修復する手法だ。うまく継がれた器は歴史を感じさせ、「景色がいい」と割れる前より格が上がることもあるらしい。漆が乾くのには時間がかかるし、繊細な技術も必要だ。

わざわざ金継ぎするくらいだからさぞ立派な家かと思えば、造りはいいがかなり荒れた外観の一軒家だった。しかし、中に入ると息を飲む。破れた障子越しに弱い光を受けて、壁や床の傷がきらきらと浮かび上がっている。

囲炉裏の煤で真っ黒になった床やすり減った障子戸の桟、剝がれ落ちた砂壁、階段に子供が引っかいてつけた落書き、いたるところに金が光っている。2011年の長野県栄村《さかえむら》大震災で受けた傷もあるという。奥の間の縁側の向こうには小さな池があり、暗緑色の水の中にとり残された鯉が泳いでいる。

空き家の寿命は短い。家を再生するための金継ぎではなく、遠からず朽ちていく家をあえて選び、最後のはなむけのように傷に光を当てたのだろう。傷を埋めたというより、家の中に埋まっていた輝きが現れ、蠢《うごめ》いているようにも見える。家の歴史やそこに暮らした人の不在を表現するのにも、本当にそれぞれの作家のアプローチがあるんだなあ、とあらためて思う。

十日町駅に戻るタクシーの窓から、日の落ちかけた水田を眺めた。8月に来たときは青かった稲穂がひと月経つとずっしり黄色く垂れ、香ばしい太陽のにおいを放つ。おっちゃんは「あと数日でもっと黄金色の田んぼになって、ようやく新米の刈り入れですよ」と言う。大地の芸術祭は、豊饒祭でもあるのだった。この町で食べる白いごはんは粒のひとつひとつがふっくらしていてどえらくおいしく、ここに住んだら間違いなく太ってしまう。

十日町キナーレに戻ってきて、併設の温泉につかる。明かり取りのガラス越しに、雨が降っているのに気づく。自転車に乗っているときに降らなくてよかった。

蓬萊山と稲わらの軍艦たちは、四角く切り取られた濃紺の空の下でライトアップされてほのかに光る。中庭を眺めていると、吊るされた稲わらの軍艦をスズメが盛んにつついている。中に米粒でも入っているのか、巣材に加えるつもりなのか。池の上を、オニヤンマが忙しく旋回している。

東北で活動している自然写真家の話を思い出した。日本人の多くが原風景として思い浮かべる妻有のような「里山」の姿は、稲作の水耕サイクルと、それにウマが合って繁栄してきた生きものたちが作りだす、いわば人工的な風景だと言える。稲作以前の日本海の海岸線や河川流域には、不定期に起きる氾濫によって作りだされた湿地に生きものたちが繁栄していた。トンボや水辺の植物は、種として氾濫すら折りこんで生息域を広げるようにできているのだ。「里山以前」の風景を示すことも自分のライフワークだ、とその方は熱っぽく語っていた。

子供たちのざわめきや家族の団欒よりもさらに前、人々が切り拓く前の生きものたちの賑わいも、この土地に眠っているのだろう。わたしたちの切実でちっぽけな懐かしさを越えたところに。

収穫が終われば、ふた月もしないうちに雪が降り、長い長い冬がはじまるだろう。

蓬平の花畑の前でおばあさんは、陰鬱な冬を想像して暗い顔になったわたしを見て、こうつけ加えた。

女だからね、こんなところにおらんでも、もっと雪が少ない町に嫁に行けばよかったかも知れんけど。でもねえ、冬のみじめな気持ちも、春が来るとパーッとなって全部忘れてしまうのよ、バカだから。

春がそれくらいきれいなの。ブナの新芽もかわいいし、雪を捨てた沢の斜面にふきのとうが出て、本当に。そんなにですか。うん、すごいのよ。それって大変なことですね。そう、すっごいの。

長い長い冬の憂さを、一瞬で吹き飛ばしてしまう春の美しさ。短い旅の中で、どの作品よりもこの言葉が、わたしに「未来」をいちばんはっきりと想像させてくれた。何度でも訪れるけれど来るたびに新しい、殴りつけるようなものすごい春のイメージ。

3年後の芸術祭まで、とても待っていられない気がしている。次の春になったら、また見届けに来ようと思う。頼もしい自転車に乗って、せわしなく変わりつづけるこの大地を、最新のセンチメンタルを求めて駆けまわるのだ。

5 自由なハリネズミの巣箱

ハリネズミの巣箱というものを見たことがある。

2013年の秋、会社の用事でミュンヘンに出張し、ついでに当時書いていた本のために別の村に取材旅行をした。取材の前後は、SNSのつてをたどって知り合った若夫婦が暮らすミュンヘン郊外の団地に泊めてもらった。その団地の庭に、巣箱が置いてあったのだ。

「こないだ、この近くでほんとにハリネズミ見たんだよね！　今は明るいから寝てるかもしれないけどさ」

植えこみをのぞきながら、日本人の旦那さんが言う。鳥の巣箱的なものを想像していたが、そこにあったのは、ただ大きな皿を伏せたような素焼きの円盤だった。

その夜は、赤い髪の美女である妻のサラちゃんの郷土料理・シュペッツェレとドイツビールをたらふくご馳走になった。夫婦が寝室に行ったあと、わたしはリビングのソファで貸し与えられた赤いブランケットにくるまって横になり、広い窓から入る月明かりに照らされた部屋の中のものたちを眺めた。魚好きの旦那さんが近くの湖ですくってきた小さな淡水魚が泳ぐ水槽。棚の上に飾られた結婚式や親族の写真が入った写真立てには、ちりひとつ積もっていない。ホテルのように中の人をくるくると入れ替える箱ではなく、家主が隅々まで心を砕いている「巣」の感じがある空間だ。出張の疲れも溜まっていたが、遠い外国で、まだよく知らないけれど親切で快活な人たちに甘えまくって、こうしてぬくぬくと安心している時間がとても貴重に思えた。

自分の家でないところで眠るのが好きだ。でも旅行や飲み会から帰ってきて、シャワーを浴びてから自分の家の布団に潜りこむ瞬間も大好きだ。その日の気分で、今日は部屋に帰っても帰らなくてもいい、と思うのが好きだ。帰る場所がないのは不安だが、帰らないといけないのは苦痛だ。人の心が自分にもたれかかってくる重みが苦手で、すぐ逃げ出してしまう。お昼ごはんを食べる相手がいつも決まっているのとか、同じような話を繰り返して話題がどんどんなくなっていく感じ、その兆候だけでも堪えられず、すぐ人間関係をリセットしたくなってしまう。

「そうか、メレ子ちゃんは自由おばさんになりたいんだね！」

と、ニコニコしながらのたまったのは、数年前にインターネットで知り合ってお世話になっている若手研究者の先生だった。

「誰がおばさんですか！　相変わらず最高に感じ悪いですね！」と言い返しながらも、わりと納得している。社会的責任というやつから逃げ回っている人間のいつか痛い目に遭いそうな感じを、端的に表した言葉だなと思う。

世界中で生きものを追いかける先生の「自由」は、夢と才能にあふれた人間が努力して学究の道を拓いていくイメージだけれど、わたしの「自由」は糸の切れた凧が風に流されているのと同じ。本業の会社員としても、副業としての文筆でも、吹けば飛ぶような存在だ。我ながら将来が不安だが、世間の言うとおりにつつましく生きていても安心が訪れることなどないのだから、せいぜい心が死なないように生きたいとも思う。

2012年に、東京・神田で「昆虫大学」というイベントをやった。旅行ブログに載せた虫の写真がきっかけで、自然写真家や「虫屋」と呼ばれる虫好きの人たちと仲良くなり、虫採りについていったり虫に関する文章を書いたりしているうちに、昆虫研究者、虫をモチーフにして創作をするクリエイター、昆虫食の世界まで見えてきた。そういう人たちを全部集めて、虫というキーワードを囲んで、みんなで踊り明かせるんじゃないか、と思った。

声をかけた人たちの顔をつぶすまいと慣れないなりに必死で宣伝したことや、借りたのがアートフェスの一角という面白い場所だったのもあって、2日間で予想を超える700人あまりの人が来場してくれた。

何より驚いたのが、自分が受付でものすごく接客できていることだった。接客アルバイトが苦手で半年と続かなかった自分が何時間も笑顔で見知らぬ人と接して、訊かれていないことまで答えたりしているのが信じられなかった。

さらに、友達までできた。大学を卒業したあたりから友達の作り方がよく分からなくなっていたわたしにとって、出展者やお手伝いの人たちとの間に生まれた親しみは「あ、こんなに簡単なことなんだ」と思わせてくれた。「ここだけで飛ぶように売れるようなおかしなもの作りたいね！」と意気投合したり、素人のわたしを最初はちょっと警戒していた作家さんが「すごく面白かった。また呼んでください!」と言ってくれたとき、バスケやサッカーできれいにボールをつなげてコンビネーションプレイできるようになったらこんな気持ちなのかな、と思った(わたしの運動神経は壊滅的なので、あくまで想像だが)。

文章を書くという作業の本質は孤独そのものだ。たとえ大勢の人に読んでもらえたとしても、必ずしも読者との距離が縮まるわけではない。でも、あえて自分で表現しなくても表現したい人が集まれる場所を作るだけで、尊敬する人たちと一網打尽に仲良くなれる。深夜まで細かい調整や広報作業をしていて気が遠くなりかけても「こんな商品、作ってみたんですけど!」「当日はこんな話をしたいので、こんな演出をしてほしい」というメールを受け取ると、目が冴えて寝つけなくなることもあった。

昆虫や生きものに関わる人々の世界には、好きなことしかできないという生きづらさを抱えた極端な人がけっこう多い。しかし、そういう人こそがなんだかんだと周囲から一目置かれ、愛されている様子を見ることもできる。尖った人のまわりに人が集まる様子に心温まる一方で、そこまで突き抜けていない自分は本当につまらない奴だ……と引け目を感じることも多い。だが、「変わった人が変わったまま楽しそうにしている場所」自体が、わたしの表現物だったとも思うのだ。

外のハリネズミはどうしているだろうか。北海道と近い緯度のドイツでは、11月でも朝は葉っぱやクモの巣など、あらゆるものが霜に覆われキラキラと光る。あの素焼きの円盤はかえって冷たくはないか？　実際に出入りしているなら、快適または安全なのだろうけれど……。鼻をヒコヒコさせながら眠っているのか、それとも外に出て、背中のトゲの先まで緊張をはらみながら、甲虫や木の実を求めて落ち葉の中を這いまわっているだろうか。

シルバニアファミリーのような、人の服を着てミニチュアの家に暮らすハリネズミを想像するのも、ここヨーロッパでは自然なように思われる。小さいころ大好きだったジル・バークレムの絵本には、木のうろの中に築かれたネズミの大邸宅が、息を飲むような賑やかさと愛らしさをもって描かれていた。巣箱の下に、あんな世界が広がっていたらどんなに素敵だろう。ハリネズミはひとりで生活するのだろうか、家族で暮らすのだろうか。

引っ越しを重ねるたびにものが増え、今や90センチメートル×180センチメートルの無垢材のダイニングテーブルをはじめとするお気に入りの家具に押しつぶされそうな生活をしている。会社からは食うには困らないお給料をいただいているが、東京都内のひとり暮らしの住宅事情はひどい。「月に7万も8万も払って、こんな部屋に住まなければならないのか……」と思うと、ため息しか出ない。大学に入るために上京してから住んできた、いくつかの貸アパートの悲惨な思い出が頭をよぎる。一度だけ分譲賃貸に住んだことがあるが、古いながらによく管理されていてまめに外壁や配管の補修工事があり「持ちものだと、住人はこんなに家を大事にするものなんだ！」と驚いたものだ。

ある日、もうちょっとマシな部屋を求めて駅前の不動産屋に迷いこんだときのことだ。「自分で探すので、そのバインダーをこちらにください」と主張し、分厚い物件情報の束をめくるわたしの前で、不動産屋の女性が「これが分譲ならねえ。月々の支払いは同じでも、広さも設備も全然違ってくるんですけど……」と呟いた。

そのときは「何言うだボケ」と思っただけだが、ぼちぼち計算してみると、たしかに自分が東京で今の勤めを続けながら理想の広さの家に住むためには、マンションを手に入れ、30〜40代で頑張って繰り上げ返済するしかなさそうだ。お金があるから家を買えるというよりも、お金がないなりに広さや設備を求める際の多少マシな選択として、価値があやふやなマンションを買うしかない、ということでもある。

35年ローンを抱え、マンションの管理組合とかいうきちんとした大人の集団に属し、万が一ストーカーや頭のおかしな隣人に狙われることがあっても引っ越しづらいなんて不自由ではないか……と思っていたのに、この1年近く、ずっとマンションを探している。それは、マンションという言葉に理想の居場所を思い描いてしまったからだった。

インテリア雑誌に出てくるような素敵な部屋に住めればそりゃ最高だけど、「立って半畳寝て一畳」とも言うように、今の6畳一間でも暮らせないことはない。仕事に行って、帰り道で外食して、家に帰ってきたらああ疲れたとベッドの上に座りこんだが最後そこから動くことができず、スマホでTwitterとFacebookとはてなブックマークを交互に巡回しているうちにメイクも落とさず寝てしまう日もある。このベッドは、わたしを乗せて東京砂漠を漂う一艘の船だ。

もっと広い部屋に住みたいのは、自分ひとりで過ごすためではないが、誰かと住むためでもない。気心の知れた人たちとの打ち合わせにも使えて、たまには姉や両親を泊めてあげられて、イベントで販売する妙ちくりんな商品の在庫も置いておけて……。フリーランスや研究者の友人たちが持っている事務所や研究室に、前から憧れていた。自分の根城というだけでなく、必要に応じて他人を招いて、喫茶店やレンタル会議室よりもくつろいでいろんな話ができる場所。お互いの人生を面白くするためのアイデアや意気投合が、自然に生まれてくるようなところ。

自分の住みたい家を考えることは、自分のこれからの居場所を考え直すことでもあった。

大阪に、「けだもの荘」というシェアハウスがある。この本の第3章に出てくる「なにわホネホネ団」で知り合った女子3人が住む、古い一軒家だ。彼女たちの家の茶の間には、生きものの画集や専門書、動物の骨、トカゲの入ったケージ、海で拾ってきた大量のウニの殻などが鎮座しており、よく言えば平成のヴンダーカンマー（驚異の部屋）である。

住人がみんななんらかの創作やイベント運営に関わっているけだもの荘は生きもの関係者が寄ってくる磁場のひとつで、わたしも2回ほど泊めてもらったことがある。先日、生物研究者数人と押しかけて行われた宴会はもうハチャメチャに楽しかった。

冬に京都で開催される大規模な生きものイベント「いきもにあ」で研究に関するトークをやってみたい、では見本をお目にかけようというわけで、茶の間の押入れから現れたＭａｃモニタに映し出されたのは、「ピンこれ〜ピンセットこれくしょん〜」と題された、いっしょにけだもの荘を訪ねたメンバーのひとり、とある昆虫館学芸員さんによるピンセットへの異常なツールフェティシズムの吐露であった。「カメムシを絶滅させたくて農学部に進んだら、研究するうちにカメムシが大好きになってしまった」という彼は、仕事道具のひとつ・ピンセットに並々ならぬ執着を抱いているのだ。数十本並んだスイスや日本製のピンセットも見せてもらう。先端は日本刀をも思わせる鋭さ、合わせると羽根のようにしなやかな弾性が感じられる。

「院生でも研究者でも、ピンセットを選ぶ楽しみを知らない奴があまりにも多い！　選び方も研ぎ方も教えてあげたい……あと、業界が違うとピンセットへの拘るポイントも全然違うから、みんなとピンセットの見せ合いっこをしたい！『ピンセットサロン』!!　そう、略すとピンサ……」

「けだもの荘は下ネタ厳禁なのですが、帰ってもらっていいですかね？」

危険人物たちが酒盛りをはじめ、研究の話に熱中する中で、いつの間にか丸まって寝てしまっていた。雑魚寝なのに、すごく心地よい眠りだった。自分がいてもいなくても、自分の好きな人たちが世界を続けていてくれることに安心する。目を開けて、見張っていなくても大丈夫。

翌朝、顔に畳のあとをつけて起き上がり、お礼を言ってけだもの荘を出た。向かった先は国立民族学博物館(通称：みんぱく)だ。今後の執筆のために、見ておきたいものがいくつかあった。万博記念公園を歩いていくと、木立の向こうにぬっと太陽の塔のうしろ姿が現れた。軟体動物のような胴体に描かれた黒い太陽、そして向こうを向いた金色の顔。立ち止まって、しばらく見ていた。

こんなめちゃくちゃなものを万国博覧会というイベントの真ん中に据えてしまうような、とにかく勢いがあった時代のことを、うまく想像できない。今絶えず付きまとっているような、将来がどんどん暗くなっていくような不安を、みんな抱いていなかったのだろうか。でも、人とちょっと違った幸せを世間にすりつぶされた人たちも、今よりずっと多かったのかもしれない。

お金の不安と同じくらい、寂しさを恐れている。年を取るほどに体も気も弱くなり、愚痴が増え、人を惹きつける部分が減っていくとしたら、今でも時折感じる寂しさはどんどん苛烈になっていくだろう。でも、ひとりでも楽しいという気持ちは忘れたくない。ひとりでも十分楽しめる人間が、人付き合いが苦手なままでも、強烈な才能がなくても、ふたりや3人や大勢の人と共にあることを楽しむ方法を、これから探していかないといけない。

家探しは難航している。古くても長く愛されるような、そんな風情のあるマンションを好きに改装して住みたいのだが、まだリノベーションという言葉が一般的でなかった20年前ならいざ知らず、今や改装して高く売り出したい不動産業者との奪い合いだ。

暇さえあれば不動産サイトを検索し、休日には内見に行く生活が1年ほど続き、目が肥えたとはいかなくても自分の好みだけは把握できた。古い学校や病院のような開放的なたたずまい、採光がよく、できれば風が通り抜ける部屋。

ある日内見したマンションはまったく特筆すべきものがなかったが、その裏側に建っていたマンションが、好みのど真ん中だった。なんの変哲もない作りだが、なんの変哲もないと思わせるさりげなさこそが得難い。周辺にも緑が多く、日当たりも申し分なさそう。不動産屋の営業マンも落ち着いた感じで頼りになるので、ここに空き部屋が出たらぜひ教えてほしいとお願いした。

すぐにちょうどいい広さの空室が出て、しかも2200万と予想よりだいぶ安い。もとの予算からいって、これなら改装も欲張れそうだ。週末に元付（売主側の仲介をする不動産屋）が見学会をやるというので、朝一番に行ってすぐに購入の申しこみを済ませた。重要事項調査報告書などは、本契約までにチェックすれば済むことだ。

天井を抜いて高さを出し、壁の安っぽいクロスを剥いでペンキを塗る。寝室にだけ、ウィリアム・モリスの深い森の色の壁紙を貼ったらよく眠れそうだ。南向きのワイドリビング、窓辺の床だけタイルを貼って、クワズイモや極楽鳥花の鉢を置いて熱帯雨林のような空間にしたい。

持てあますくらい大きなダイニングテーブルも、この部屋でなら打ち合わせやもてなしに大活躍するだろう。

ところが元付は「あなたは買い手の一番手ではない」と言ってきた。結局、一番手と称する誰かが契約を済ませた。数カ月後、不動産を買い取って改装済みで売り出す専門業者が、その部屋にペカペカした通り一遍のリフォームを施して1200万円も上乗せして売りに出しているのを発見した。そんなバカな。その半分もあれば、あの部屋が王宮になるわ。

苦い経験だったが、一方でわたしは「本当に欲しい家に出会ったときは、迷わず買付を出せる」という実感を得た。欲しくない物件を断るときも「ワガママ言ってたらいつまでも決まりませんよ」という不動産屋の視線にもめげず「これはいりません！　もっといい物件もあったんだから、ワガママじゃありません！」と言えるようになったのだから、無駄ではない――と思いつつ、砂浜で貝殻の交換に失敗し、もともと背負っていた貝殻まで奪われて裸で右往左往するヤドカリの動画を見ては涙するのだった。


人が家に恋する瞬間を目の当たりにしたことがある。ちょうど住まいに関する連載をしていた友人でライターの雨宮《あまみや》まみさんが、いきなりFacebookメッセージで「このマンション……どう思う？」と、物件情報のリンクを送ってきたのだ。

洒落たバルコニー、築浅で、しかもブルーのモザイクタイルが貼られた入浴が楽しくなりそうなお風呂。価格も、東京都心では考えられないくらいお手頃だ。しかし疑問なのは、このマンションがまみさんやわたしの暮らす東京ではなく、神戸にあることだ。旅行に出た先で「この街が好きかも」と思って、ふらっと検索してしまったのだという。

「まみさん……今度『東京を生きる』(大和書房)って本を出すんだよね？ 東京で暮らす女性の、超ソリッドなヒリヒリするようなエッセイだったよね？」

「このタイミングで神戸でマンション買ってたら、顰蹙《ひんしゅく》だよね……」

「炎上しまくって消し炭になるよ！ でも面白いから買おう！」

「そんな簡単に言わないでよ！」

無責任に煽っているとまみさんは思っただろうけど、その部屋は彼女の佇まいにとても似合っていた。何より、家を買うことなどあまり考えたことがなかったという彼女が、神戸で自分を待っているような部屋を見つけて、「別の街で暮らす」という未来を身近に感じて、可能性がスパークしているのが見えた。

神戸マンション事件のいきさつについては、まみさん自身が著書『自信のない部屋へようこそ』(ワニブックス)に書かれている。新しい人生や生活を、彼女がほの光る脇道として見つけた瞬間、横で見ていただけのわたしの額まで光が差した気がしたことをよく覚えている。

わたしに文筆の仕事や友達、それにつながる自由をくれたインターネットは、ある意味で住居よりも大事な「居場所」かもしれない。ウェブは蜘蛛の巣にもたとえられるけれど、わたしはミツバチの巣のようだなとも思う。スマホからTwitterのアプリを開くと、無数に並んだ六角形の穴にせわしなく出入りする人々の生活が見える。親しい人や、会ったことはないけれど尊敬している人のいるあたりは、ぼうっと光っている。

もしこのままマンションが見つからなくても、それはそれでいいかもしれないと最近は思っている。東京にけだもの荘みたいなシェアハウスを作ってしまってもいいし、改装できるおんぼろアパートを借りて友達をだんだん入居させていくのもいいかもしれない。知り合いの年上の女性研究者も、演劇に関わったことがきっかけで、ついに郊外に1階を丸々稽古場として使える一軒家を建ててしまったばかりだ。どれも実際には簡単なことではない。しかし、家にからめた居場所の作り方を考えるだけで、心は自由になる。

この先、別の街、別の国にある日いきなり惚れこんで、新しい暮らしをはじめる可能性だってないわけではない。落ち葉の詰まった居心地のいいハリネズミの巣箱がある日突然うなりを上げ、UFOとなって別の星系に旅立つぐらいの急展開が、自分にも待っていると信じたい。

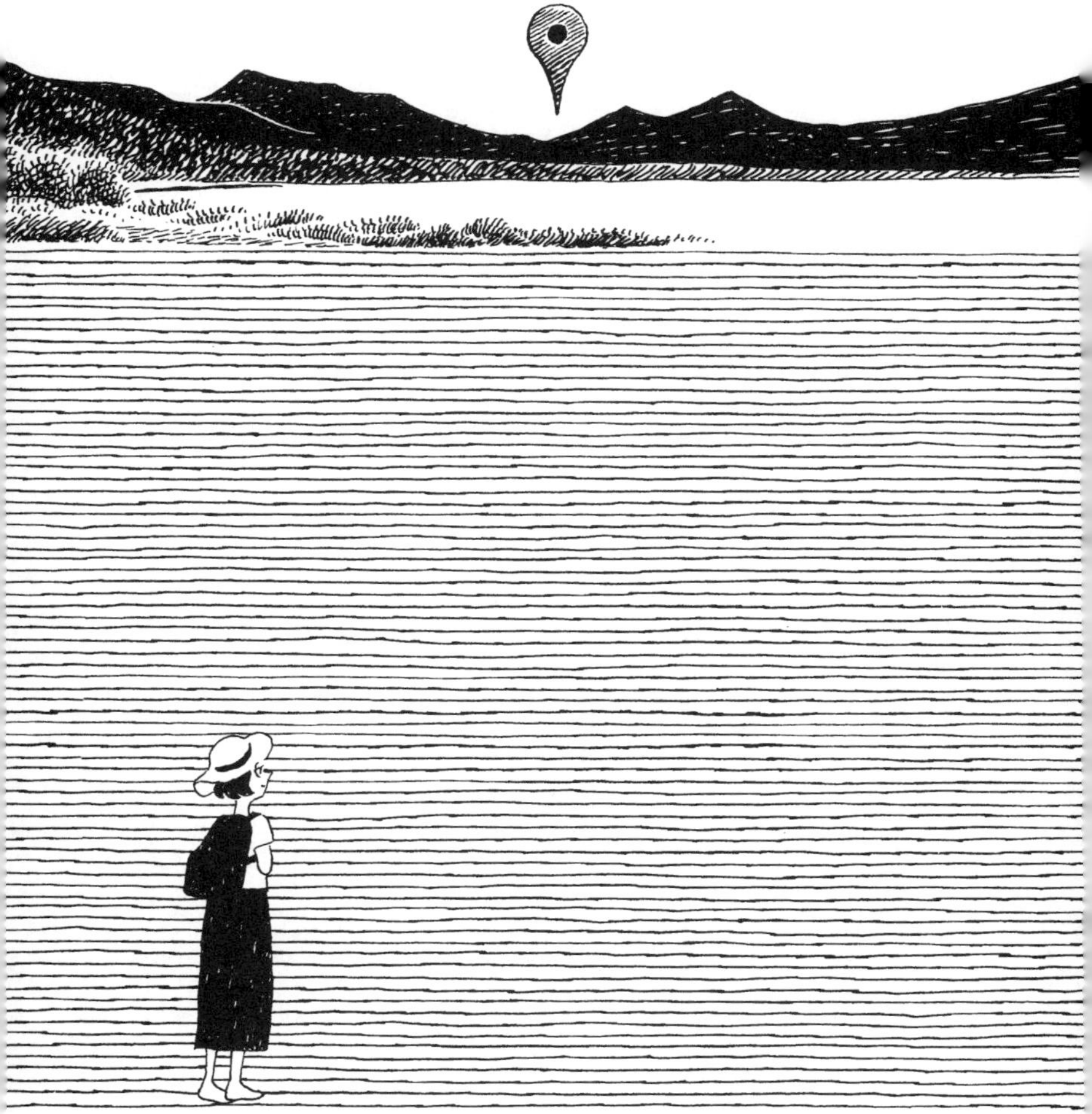

6 魂の向かう山、死後の住所

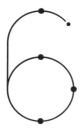

バスは霊場への山道を登っていく。車内には観光ガイドの音声が流れているが、音質は悪く、内容はほとんど頭に入ってこない。

「冷水《ひやみず》」というバス停で、バスはいったん停まった。バスを待つ客はいないが、運転手が座席のほうを振り向いて「お水、飲んできてもいいですよ」という。乗客たちは、鬱蒼とした林と数体の石地蔵を背に流れる岩清水をかわるがわる柄杓で汲んで飲んだ。「冷たいわねえ」と、中年女性とその母親らしい親子連れが喜んでいる。最終バスに乗っている６人の乗客は女性ばかりだった。

再びバスに乗って十数分経つと、視界が開けて大きな湖と赤い太鼓橋が見えてくる。そして、窓を閉めていても鼻をつく強烈な硫黄のにおい。乗客はそれぞれ入山料を払い、広い駐車場を横切って山門をくぐり、恐山《おそれざん／おそれやま》菩提寺の宿坊に向かう。

宿坊の建物はとても新しく立派で、宿泊費も１泊１万２０００円となかなか高いが参籠《さんろう》所とは思えないくらい快適そうだ。部屋に案内され、作務衣を着たお坊さんの説明を受ける。食事は揃って食堂で取るので、食事時間にはちゃんと集合すること。夜は22時に消灯、朝は６時起床、朝食前に〝お勤め〟がある。境内に４つの硫黄泉があるが、目を傷める恐れがあるので決して目に入れないこと。窓も日暮れまでには閉め、朝には換気すること。

お坊さんが去り、ひとりには広すぎる二間の畳部屋を見まわす。テレビはないけどスマホがあるもんね、と取り出してみると圏外だ。季節は９月のはじめ、まだ夕方の６時前だが、この本州の北端では日没が近い。

ここ最近で感じたことのない、鼓膜につんとくるほどの沈黙。一方で、屋内でも鼻に雄弁に訴えかけてくる硫黄臭。この沈黙とにおいの中で夜を過ごすことを思うと少し不安だが、これぞ俗世間から離れた宿坊という感じもする。


2015年8月にこの本のもとになった旅と死の連載をウェブ上ではじめることになった当初から、青森県の霊場・恐山は行き先候補にあった。これまで取り上げてきた場所には、ことさら死について考えようとして訪れたわけではない。だが、東北最大の霊場はまさにメメントモリ・ジャーニーにふさわしい場所ではないか、と思ったのだ。

小さいころ、怖いところを手で隠しながらも熱心に読んだ怪奇事典に、ミステリースポットの世界地図があった。青森のところに「イタコの口寄せ」として掲載されたカットでは、死者の声を伝えるイタコのおばあさんがまるで妖怪のようにおどろおどろしく描かれ、今思えばすごく失礼だったが、恐山とはいったいどんな場所なのだろう……と想像が膨らんだものだ。

もっとも、下調べの段階でイタコ幻想はあらかた吹き飛ぶことになる。恐山のあるむつ市にはイタコはおらず、7月の例大祭や10月の秋詣りなどの限られた機会にのみ、八戸などから来て口寄せをする。恐山での口寄せは、そこまで長い歴史を持つものではないようだ。恐ろしげな気味の悪いイメージがぼやけていく一方で、恐山の本当の姿はなかなか見えてこない。

まずは見てみなければはじまらない。青森といえば、県立美術館で気になる展示もやっているし、あわせて行こう――そんな軽い気持ちで、9月の上旬に青森1泊旅行の計画を立てたのだった。

緑色の東北新幹線・はやぶさの鼻の長さに、いつも駅のホームで笑ってしまう。新青森駅に着くと抜けるような青空が広がっていて、東京よりぐっと涼しい空気に心が弾んできた。青森県立美術館には、新青森駅からバスで向かう。キョロキョロと外を眺めるわたしの前にはJR東日本の「行くぜ、東北。」キャンペーンポスターから抜け出てきたような20代の女の子ふたり連れが座っていて、久しぶりに会うのか近況報告に花が咲いている。やがて美術館の前に着いて、バスを降りたふたりは「フーゥ！」とご機嫌な歓声を上げた。わたしも心の中で、こっそり彼女たちに唱和した。

青空と、お隣の三内丸山《さんないまるやま》遺跡につながる広大な緑地。その間に、白くあちこち角ばったユーモラスなフォルムの美術館がドンと鎮座している。

さらに、美術館の前の地面には直径3メートルほどの巨大なカップ焼きそばのオブジェが突き刺さっている。なんだこの愉快な光景は！　踊り出したいのを我慢しながら近づいていく。開催中の企画展「化け物展」の作品のひとつ、岡本光博《おかもとみつひろ》の「UFO-unidentified falling object（未確認墜落物体）」だ。

作家が美術館の下見に訪れたちょうどその日、「Twitterに「UFOか火の玉が美術館の近くに落ちた」という怪情報が流れていた。それを見て、本当に美術館の前にUFOを落としてしまったのだ。

美術館に入ると、いきなりエレベーターで地下2階に降りて鑑賞をはじめる順路になっている。企画展と常設展への入り口を分ける部屋は、神殿のように天井が高い大ホールだ。壁の三面を用いて、マルク・シャガールの描いた舞台幕が飾られている。バレエ「アレコ」の背景画として描かれた絵は、ひとつの大きさが9メートル×15メートルにもなる。暗雲立ちこめる空を駆ける白い馬、青い夜明けの空に漂うカップルといったモチーフは絵はがきや画集でお馴染みだが、現物の広い広い空の迫力にしばらく立ち尽くす。

常設展もすごいボリュームで、奈良美智《ならよしとも》、日本画家の工藤甲人《くどうこうじん》、寺山修司《てらやましゅうじ》、ウルトラマンの宇宙怪獣をデザインした成田亨《なりたとおる》など青森県出身作家の作品が多く、短時間で見てまわろうとするとくらくらしてくる。隣接する三内丸山遺跡への接続をイメージした地下迷宮のような館内、この美術館のために作られたという特別なフォントを用いたサイン、スタッフユニフォームのミナ ペルホネンのスモックワンピースもかわいくて、硬軟のバランスが楽しい空間だ。わたしは大興奮で、お洒落な雰囲気と分厚い美術作品のミルフィーユのような重なりをがっついて味わった。

新青森駅から奥羽《おうう》本線、青い森鉄道、大湊《おおみなと》線を乗り継ぎ、北に向かう。2時間半ほどの鉄道旅を、車窓から見える陸奥《むつ》湾や風車を眺めて過ごした。東京から新青森と下北半島の北端を1泊でめぐるというのはあまりおすすめできない強行軍で、地元の人にはたぶん笑われてしまうだろう。3地点の移動時間が、それぞれ3~4時間になってしまう。美術館があまりにも楽しくて離れがたく、もっと時間をかけて観たかった——そして、きっと寂しい場所だろう恐山に行くのは気が進まないな、という気持ちもあった。

夕食の時間になった。食堂は300人ぐらい収容できそうな大部屋だが、宿泊者は10名ほどで、部屋の一隅にかたまって着席する。バスには女性しかいなかったが、宿泊客は男女半々というところか。

食事は肉類のない精進料理だ。食前に、箸袋に書かれた「五観の偈《げ》」という食事をいただくときの心得を唱和する。赤い塗りのお碗に盛られた山菜などの料理はなかなかおいしいのだが、真新しく広すぎる食堂にも、客室で感じたのと同じ沈黙が分厚く横たわっているようだった。わたしも含めた宿泊者たちはこの沈黙を破るに破れず、ほぼ雑談もなく黙々と箸を進めた。恐山の銘が入った塗り箸はおしぼりで拭って部屋に持ち帰り、朝食のときにまた持参する。最後は持って帰っていいらしい。

食後はロビーのテレビで、NHKが作った恐山のドキュメンタリーを流してもらう予定になっていたが、DVDを再生できないという小事件が起きた。DVDプレーヤーが壊れてしまったらしい。

原因は、電化製品を恐ろしい速さで駄目にしてしまう硫化水素だ。恐山は11月〜4月の間、冬季閉山するのだが、閉山時には電化製品をすべて山から下ろす。使わないまま山に置いておくと、春の開山時にはもれなく壊れているという。硫黄泉を目に入れないように何度も注意を受けたし、長期間住んでいるだけで目を病む人もいる。

わたしは大分県別府市出身なので、硫黄泉がその辺から噴き出す暮らしにそこそこ慣れているつもりだったが、ここの硫黄の破壊力は桁違いらしい。すべてを痛めつける硫黄の恐ろしさに震えていると、お坊さんは「ＤＶＤについては、明日観られるようになんとかしてみます」といって、読経で鍛えられた喉で自ら恐山について語りはじめた。

「恐山という山は実際にはなくて、宇曽利湖《うそりこ》というカルデラ湖を囲む外輪山である大尽山《おおづくし》、釜臥山《かまぶせ》、鶏頭山《けいとう》、地蔵山《じぞう》、剣山《つるぎ》、小尽山《こづくし》、北国山《ほっこく》、屏風山《びょうぶ》の8峰の総称です」

「わたしはむつ市の出身ですけど、小さいときには『死ねばお山さ行ぐ』と教えられて育ちました。陸奥地方の人々の魂は、死ぬとこの山に来ると信じられていたんですね。このお寺は曹洞宗ですが、もともとは9世紀ごろに、天台宗の慈覚大師円仁《えんにん》さんがお告げを受けてこの地を見出し、地蔵菩薩一体を刻んで開山したと言われています。そのさらに前から、仏教とか特定の宗派ではない、いわゆる庶民信仰の対象となってきたんです」

地元の人々のお山だった恐山が全国区で有名になったのは戦後のことらしい。〝恐山といえばイタコの口寄せ〟というイメージの流布も、お寺としては複雑なものがありそうだった。「全国からツアーをやれとかもっと宣伝しろというお話が来ますし、みなさんのような観光客もいらっしゃるけれど、なかなか宣伝もできません。恐山を大観光地にしてしまうのは、お弔いに来られる地元の人にとって妨げになることもありますからね」という言葉に、うしろめたくなってもじもじする。

部屋に戻ったわたしは、浴衣に着替えて外湯をめぐることにした。境内には4つの湯小屋があって、男湯・女湯・男女入替制・混浴に分かれている。すでに真っ暗な境内を、下駄で砂利を踏みながらよろよろと歩いていった。

男女入替制の湯小屋も、今日は女湯らしい。ラッキー、と思って引き戸を引いて中に入ると、お湯の中に向こうを向いて仁王立ちしている男の人が見えて、あわてて逃げた。よく見ると、2カ所ある引き戸の横にかけてある「女湯」の札のひとつがひっくり返されて「男湯」になっている。宿泊客のヒッピー風のお兄ちゃんが、札を返して入浴していたらしい。この野郎、と思ったが、とりあえずこっちを向いていなかったことに感謝だ。

外湯は日帰りで来ても入れるのだが、湯小屋の独り占めは宿泊しないと難しいだろう。しかし、どれも強い硫黄泉なので1回につき3分~10分で出なければならない。温泉はたいへんいい気持ちだが、「なぜ人は、ここまでして危険な硫黄泉に入りたがるのか……普通のお風呂では駄目なのか……」という疑念も兆してくる。そういえば子供のころ、「温泉に入るとすごく疲れるので、温泉は体に悪いのではないか」と、温泉の町の民にあるまじき温泉危険説を提唱していた。

湯小屋の窓の磨りガラスが、街灯のオレンジ色の明かりをキラキラと砕いている。それを背景に、小さなクモが黙々と巣を繕っている。黒い影の動きを見ながら、「体が疲れること自体が薬効なんだなあ」と納得する。30歳くらいまで、温泉のよさが正直よく分からなかった。大人になると体をちゃんと使って疲労することが少なくなり、ただ眠っても疲れが取れにくくなるので、こうやって体を正しく疲れさせることが必要になるのだろう。湯治客などにとってはなおさらだ。しかし、まず正しく疲れるところからはじめないといけないとは、人間の体ってほんとに面倒くさいなというか、平均的に抱えている心労がキャパシティオーバーなのではないかという気もする。

「死ねばお山さ行ぐ」さっきのお坊さんの言葉を思い出す。陸奥の人々の魂は、この湯小屋の明かりを頼りにやって来たりするのだろうか。魂に死後の住所があるとして、青森の山を眺めて暮らしたことのないわたしの体に乗っかっている魂は、ここにはたどり着けないだろう。住所不定無職の幽霊になってしまうのだろうか。

怖がりのわたしは、夜の恐山ではもっと怖い気持ちになるのではないかと思っていた。しかし、ほかの宿泊客とほとんど行き会うこともなく真っ暗な境内を歩いていても、不思議と恐怖はない。閉山後に境内に潜む物好きな変質者もいないだろうし、火山ガスのせいで生物の気配もすごく薄い。仮にお山を目指してやって来た魂がいたとしても、この恐山にいるということは地獄または極楽行きのバス停に着けたということで、特に道に迷ってはいないのではないか。怖がる相手がいないのだ——と、調子に乗って暗い境内を歩きまわっていたらお寺の人を驚かせてしまい、「受付の懐中電灯を使わないと危ないよ！」とたしなめられてしまった。

温泉を堪能したあとはすることがないので、部屋で昼間買った「化け物展」のカタログを引っ張り出して見る。娯楽がない宿坊は、読書には最高の環境だ。

予定を立てるとき、実は「化け物展」と霊場を組み合わせることで、何か異界への入り口みたいなものが見えてメメントモリできないかと期待したところがある。しかし、化け物展で受け取ったのは「化け物」を眼差す人々のイメージの豊かさ、普遍性や共通性——どちらかというと生のエネルギーそのものだ。本当の化け物を陳列展示することはできないのだから、考えてみれば当たり前である。

「化け物展」で見たものたちを思い出す。暁斎《きょうさい》や国芳《くによし》の浮世絵はもちろん、国立民族学博物館からやってきたメキシコやアフリカの禍々しい仮面、それにシャルル・フレジェが撮ったヨーロッパの年中行事に現れる「獣人」のポートレートも。谷澤紗和子《たにざわさわこ》の「おやまさま」は、和紙を8・5メートル×16メートルにまでつなげた切り紙作品で、相撲取り、花や木や魚、女の子の顔など、ひとつひとつはかわいらしいモチーフがライトで照らされると怪しく揺れて、通路になっている場所を通り抜けては、いろんな角度から飽かず眺めた。

荒川《あらかわ》朋《とも》子《こ》の木彫と人毛を組み合わせた作品は、ひと目で生理的な違和感を呼びおこす。美術館の前の最高にごきげんなビジュアルのＵＦＯを作った岡本光博は館内でも大活躍していて、部屋の壁に美術館監視員の姿が映像として現れ、幽霊のようにスッと消えたりボーッと大きくなったりする作品も面白かった。

美術館を離れるときは、おどろおどろしいイメージの恐山に向かうのは気が進まなかったはずなのに、お山に来ても旅に浮き立つ気持ちが持続していることに気づく。宿坊は落ち着かないくらいピカピカで気の滅入りようがないし、ちょっと危険ですらある硫黄泉と硫黄臭は、まさに自然のエネルギーそのものだ。有名なお寺といえば普通は古い建築や深い緑が売りだが、ここは今まで見てきたどんなお寺にも似ていないすごいところだ。イメージを裏切られる快感があった。

いろいろなものを見た脳の疲れと移動疲れ——そして温泉が引き出した「正しい疲れ」が襲ってきて、引きずりこまれるようにして眠った。

翌朝は5時に起きて、朝の恐山を散策した。

恐山には、天然の地形が作りだす「地獄と極楽」がある。8峰の花びらに囲まれた蓮のうてなのような境内で、湯小屋のすぐうしろには、大地から蒸気やガスを噴き上げる荒涼とした風景が続いている。もろい火山岩を人々が「賽の河原」の伝承になぞらえていたるところに積み上げたり、風車を手向けたりしているのも、風景の寂しさや異様さを強めている。硫黄が黄色く結晶したり、火山ガスが泥の泡となってごぽごぽと噴き出してくる場所もあり、昔の人にとってはまさに、地獄とこの世をつなぐ場所として見えただろう。あちこちに置かれたお賽銭も、みんな硫化して真っ黒になっている。

起伏のある道を登っていくと、視線の先に宇曽利湖の極楽浜が見える。地獄とは対照的に、青い湖面と白い砂浜には、今にも極楽へ渡る船が現れそうだ。東日本大震災の犠牲者の慰霊塔も、2012年にこの浜に建てられた。地蔵菩薩像の横に吊るされたふたつの鐘を鳴らしてみると、キンとした澄んだ音が広い湖面の向こうまで渡っていくようにして響いた。

湖は非現実的に青く、澄んでいる。石英の白砂だからというのもあるが、この透明度の高さは生物や藻が極端に少ないためでもある。湖底でも硫化水素が噴き出していて、湖水は強い酸性だ。しかし、完全な死の湖というわけでもなく、この地に適応して体の構造を変えた淡水魚のウグイが住んでいるという。

6時半からのお勤めに出る。薬師堂では、住職と3人のお坊さんが参加者のひとりひとりの名前を上げてお経を詠んでくれた。薬師堂では円仁が納めた地蔵菩薩像と、さらに円空《えんくう》による十一面観音像を見ることができて嬉しかった。円空は諸国を遍歴し、行く先々で荒々しい雰囲気の「円空仏」と呼ばれる仏像を大量に制作している。

さらに本堂に移動し、今度は祖先の霊のための読経。「こうしてお参りに来られるということは、あなた方にその余裕があるということですから、ご先祖さまはそのことをこそ喜んでおられますよ」と言われ、そういう考え方もあるのかと思う。東日本大震災以降、供養に来たくても来られない人も多いという。身内の法要のために来た家族も静かに読経に耳を傾けていて、昨夜のお坊さんのお話を思い出して小さくなった。

朝食後、昨晩動かなかったDVDプレーヤーが直ったのか取りかえたのか、とにかく観られる状態になったので、宿坊でNHKのドキュメンタリー番組を観た。ゴールデンウィークの3日間、恐山でカメラを回しつづけて撮ったものだ。家族や友人がどんどん亡くなっていくというおばあさん、死んだペットのウサギのために風車を供える夫婦、物見遊山で来た家族などが現れる。

20代で命を落とした娘さんの三回忌で恐山に来たという父親が「来年からはもう来たくないですね、でも身内が亡くなればまた来ないといけないから、嫌だなと思って」と言っていたのが心に残った。

バスに乗る前に、もう一度宇曽利湖を眺める。湖水の薄青色は、肉眼で見ているのにモノクロームのフィルターがかかっているようだ。恐山は、小さいころに思っていたようなおどろおどろしい場所ではなかった。火山の毒にも薬にもなる強烈な力と、湖や石の静謐な美しさが共にあるところだった。それを知ることができてよかったと思う。

昔の人たちが、死者を想うための場所としてここを選んだ気持ちがよく分かる。ここが死者の魂が集まる場所なのかどうかはわたしには分からないが、少なくとも死者を想って集まる生者たちのためにある場所なのはたしかだ。大祭で口寄せを行うイタコも、残された人たちの気持ちになんらかの行き場を与えているのだろう。

「私のお墓の前で泣かないでください／そこに私はいません」という歌が前に流行ったけれど、死んだ人がお山やお墓にいると思えたほうが、たぶん死期を迎えても落ち着くし、残されたほうの気持ちも収まりがつきやすい。年に一度、そこで死んだ人に別れを告げるたびに、傷は治らないけれど良くも悪くも慣れていくこと、自分も一歩ずつ死に近づいていくことを実感する。

わたしが死んだあとに思い出してくれる人がいるとしたら、死後の住所をどこにしておけばいいのだろう。そこはたぶん、地縁のある場所や歴史ある霊場ではないだろう。「ここで泣いてください」と言えるような場所を、泣いてくれるような人を、これから探していかなければならないのだろう。

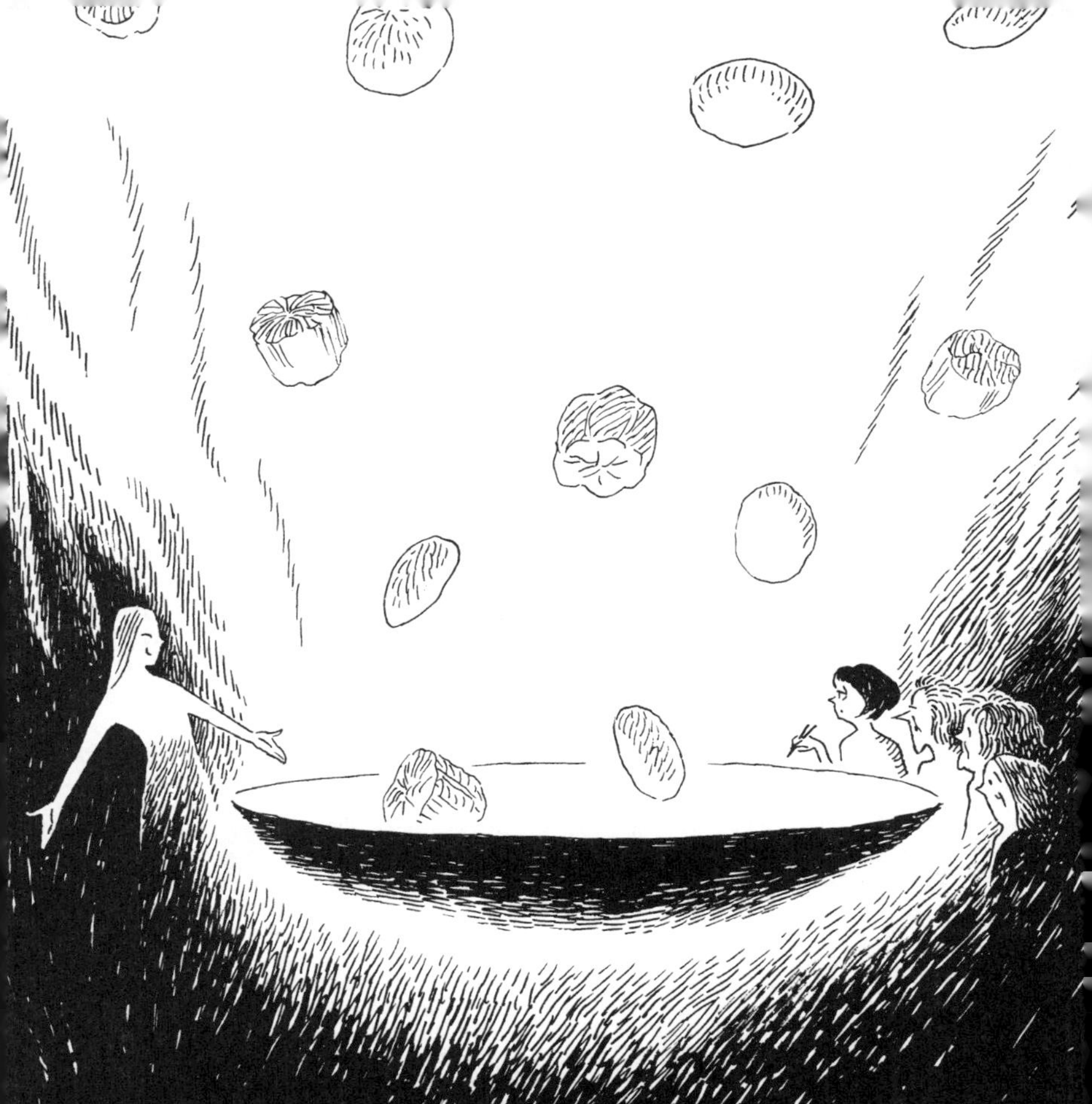

7 旅人とスピリチュアル

もう何年も前のことだが、屋久島に行ったときの思い出だ。

山に登ったり島をバスでめぐったり、集落を散歩したり楽しく日々を過ごしていたわたしに、滞在していた素泊り民宿のおばちゃんが「アンタ、今日はここでごはん食べなさい」と言った。おばちゃんの誕生日を祝うために、友達が集まるのだそうだ。

鍋を数人でつついていると、髪の長い女性が現れた。最近島に移住してきた人で何かの創作を生業としているようだが、あたりさわりない談笑の合間に「コーヒーは陰の気を持っているから、日没後は飲まないほうがいいの」などのコメントがちょいちょい挟まる。聞いているうちに、ははあ、これは陰陽五行とかマクロビオティックとかスピリチュアルとか、そういう世界に傾倒しているお人だなと思った。

屋久島に棲む哺乳類の種類は少ないが、島を歩けば否応なしに目につくのが、ヤクシカ、ヤクザル、そして観光客だ。白谷雲水峡《しらたにうんすいきょう》や縄文杉、宮之浦岳など主要なコースはひととおり歩いたが、視界から鮮やかなアウトドアパーカーの色が消えることはない。山歩き初心者にとっては安心ではある。しかし、数百人の修学旅行生の群れや、世間話に興じつつ登山用のスティックを振りまわす中高年のグループと同じ山道を歩くのは、時に渋谷の雑踏よりもつらかった。

さらに観光客やナチュラリストだけでなく、島のあちこちにスピリチュアルな人々が現れる。朽ちて中空になった古杉の大株に入りこんで写真を撮ろうとしていると「あかんで……杉さんに手ぇ合わせて『ありがとうございます』って言うてから撮ろうな……」と知らない男にうしろからエモーショナルな関西弁で囁かれる。海辺のあずまやに雨宿りしに入ると、おとなしそうな女の子が「今日は雨だから思索の日なんです。感じたものを思うがまま形にしてみなさいって、ガイドさんに言われたんです……」とニコニコしながら、木ぎれをゴリゴリとナイフで削ってハート型にしている。人声の絶えない林道で、奇異の目にも負けず座禅を組んでいる人もいた。

これらの人たちをひとくくりに「スピリチュアル」という言葉で表現していいのかどうか迷うが、パワースポット・屋久島のパワーを浴びつくそうとするこの貪欲さと、それでいて自ら引いた線からは絶対に出てこないまんま人と接しようとする頑なさに共通するキーワードはやはり「スピリチュアル」でしかないような気がする。

島の話に耳を傾けながら鍋をつついていると、陰陽にうるさい女性はついにある病気について、その病気を持つ子供の母親が聞いたら苦しむような偏見を、さも医学的なエビデンスがある話のように開陳しはじめた。ああ嫌だなあ、ひと言かみついてやりたいけれど、おばちゃんの誕生日を台無しにするのもなあ。

わたしの苛立ちをよそに、彼女は「これ、おみやげ」と言って、ビニール袋いっぱいの冷凍されたホタテの貝柱と丸餅を出してきて、鍋にザラザラと流しこんだ。おばちゃんがカワハギで出汁をとってくれた鍋はあっという間にホタテの味しかしなくなり、鍋が煮詰まるにつれて、箸がねばつく餅で重くなっていく。皆の口数がどんどん減る中、わたしは「陰陽よりもっと大事なものがあるだろう……味とか……味とか味とか……」と思った。もしかしたら、ホタテもお餅も白くて丸いものなので、彼女にとって何か陰陽的に特別な意味があったのかもしれない。だが、そもそもまずい料理に陰も陽もないだろう。

当時書いていた旅ブログではいろんな意味で書きづらいひとこまだったが、屋久島に聳える宮之浦岳の森林限界（気温が寒冷のため、高木が育たなくなる限界高度）と巨人の墓石のような花崗岩が織りなす寂しくも雄大な風景と同じくらい、この気まずい夜のことが心に残っているから不思議だ。蛍光灯のぺらぺらした光や、おばちゃんが鍋のあと片付けをしながら、彼女のことを「あの子、ちょっと雑なとこがあるからねえ」で済ませていたのもよく覚えている。

わたしの基準からすると旅に精神的なものを求めすぎなのではと思う人たちに、各地でしばしば出会う。わたしの好きな場所——自然が豊かで人里離れていて、できれば巨石や古社などの愉快なものがあるところ——は、かなりの確率でパワースポットと呼ばれていて、ボヤボヤしているといつの間にか、横に旅人がひたとくっついて歩いている。

ほぼ一本道の山道などで断りもなくペースを合わせ、歩きながらしきりに話しかけられると、そうそう邪険にもできない。心の中では「人と話したいなら都会にナンパにでも行けよ！道連れが欲しいなら、最初から連れてこいよ！」と泣いている。わたしは時間の許す限り、ひとりで虫の写真を撮りながら心の中で珍妙なセリフをあてたりしていたいのだ。それを邪魔する権利が、見ず知らずのお前にあるというのか。

闖入者をまじえずに絶景をフレーミングしたくて四苦八苦しているわたしの横で、旅人たちは「この景色を見て決めた！　俺、仕事やめるわ！」とか「ここで仕事を見つけて働く。そんな人生もいいかもな……」と横顔で呟きはじめる。ああ、やめてくれ。なんだってこんなきれいな場所で、知らない人の人生の決意表明の立会人をさせられているんだ。横にいるわたしの仏頂面が見えないくらい、彼らは何かに酔っている。

手塚治虫の漫画『ブラック・ジャック』で、ブラック・ジャックが野外で緊急手術をする際に透明なビニールを膨らませた無菌テントを作るのだが、ああいう壁で自らを囲ったままの人に話しかけられているような気持ちになる。パワースポットで人生の啓示を得たがる人々もスピリチュアルの一環だと思うのだが、おそらくスピリチュアルという言葉が出てくるずっと前から、旅で人生を変えたがる人々は大勢棲息していたに違いない。

先日、同郷の女友達とすごく久しぶりに会って近況報告をし合っていたら「わたしね、この前沖縄にダイビングに行ったの。それで海に入って、サンゴ礁を見渡したらもんのすごいきれいで、その瞬間『あ、東京に戻ったら彼と別れよう』と思ったんだ……」と言い出した。「ちょっと！　アンタまでそんな旅人っぽいこと言わんでよ！　もう、わたしそういうこと言う奴ばっかりに旅行をジャマされてトラウマになりよる」とつい遮ってしまったが、連想したのは映画のクライマックスの散骨シーンである。仕事や恋人との関係に対する旅人たちの気持ちは最初から灰になっていて、あとはきれいな風景の中に置いてくるのを待つばかりなのではないか、と想像すると、少なくともわたしは腑に落ちる。

沖縄の美しい海や岸壁は、どれだけの人の気持ちのゴミ捨て場となってきたのだろう。そういう心の動きはよく分かる一方で、わたし自身は全力でそれに逆らいたい。わたしが好きな、人の手があまり入っていない美しい場所は、だいたい人の暮らしにとって厳しい側面を持っている。旅行者というのは、しょせんは旅先のいい部分だけをつまんで帰る存在だ。自分のホームで解決できないことを旅に預けるのは、分を超えたことだ――というあまり役に立たない意地が、常にブレーキをかけてくる。

酒に酔えない人間にとって、酔っぱらいほど鬱陶しい存在はないだろう。わたしが旅に多きを求める、旅に「酔える」人間に対して異常なくらい冷たいのは、要するにそういう理由なのかもしれない。

抱えていたつらさを、旅先でどうにかしてもらった思い出がないわけではない。

20代半ばで就職してすぐの連休で、奈良県の天川村《てんかわむら》に行ったときのことだ。5月5日の山開きの直前だったので登山客もおらず村はとても静かで、夜は凍えそうなほど寒かった。役《えんの》行者《ぎょうじゃ》が開いたとされる大峯山《おおみね》は今も女人禁制で、その麓に流れる澄みきった洞川《どろがわ》のほとりに、修験道の山伏たちが泊まった古い宿が並んでいる。夜はガラスの格子戸から洩れる光がとても美しく、その風情に見とれると同時に「ああ、ここは精進落としの遊郭だったのだなあ」と深く納得もしたのだった。

みかん山を登る小さなモノレールに乗ったり、鍾乳洞の前の茶屋で今まで食べたことのないような絶品のわらび餅を食べたりして、調子に乗ったわたしは遊歩道づたいに川下の町に降りようとした。しかし荒れた杉林で道が分からなくなったあげく、カモシカやカエルの死体が落ちている謎の側溝に遭遇し、ほうほうの体で逃げ戻った（おそらく、森の中にあるダムの施設が野生動物にとっての落とし穴になってしまっていたものだろう）。

そこで天川村に2台しかないタクシーの1台にお世話になったのだが、円空仏の眠る栃尾観音堂や芸事の神様を祀る天河大辨財天社を案内してくれたあと、運転手のおっちゃんは「登山のお客さんと駅で待ち合わせをしているから、駅まで送ってあげる」と言い出し、ちょっと長めのドライブをすることになった。話術も巧みで、登山に来るお客さんともしっかりコネクションを築いてるみたいだしかなりの商売上手だ、と思ったら、もともとは有名なメーカーの営業マンだったという。

入社したてのわたしは連休前まで新人研修を受けていたのだが、それまでの乏しいアルバイト経験からいっても働くということにこれっぽっちも希望が持てず、当時はストレスの塊だった。おっちゃんのようなコミュニケーション能力があれば、都会でも山奥でも変わらずうまいこと暮らしていけるのだろうな……とわが身を振り返り、絶望を新たにしていると、

「働く上でいちばん大事なのは、失敗してもニコニコしとることよ。それさえできれば、なん

とかやっていけるから」

と、おっちゃんは慰めてくれた。わたしは「し、失敗してもニコニコ……それを悪びれずにできて、あんまり怒られずに済む力、それこそがコミュ力……」と内心ひそかに肩を落としたが、どこかで少し気が楽になったのを覚えている。

その後、研修を終え、実際に部署に配属されてからはちょっとずつだが「あ、今は楽しいのでは?」と思う瞬間も増えていった。あのとき直観したとおり、6年が経った今も失敗しても愛嬌でごまかせるような人間にはほど遠い。かといって失敗しないほど能力が高いわけでもなく、鉛を飲んだような心地になることも多々ある。

とはいえ、会社にはいろんな仕事があっていろんな人間がいてもいいんだなとは思えるようになったのも事実だ。当時の八方ふさがりな気持ちと共に、旅先でかけてもらった言葉をよく思い出す。


特別な気持ちで奈良のいろいろを思い出すのは、奈良によく通っていた時期はまったく先が見えなかったころだったこともある。大学を卒業して就職する前の2年間ほど京都に住んでいて、建前としては司法試験を受験していたのだが、実際にはこれは箸にも棒にもかからんなという感じだった。この閉塞感を解消するには京都はなんとなく狭く思われて、息が詰まると奈良に出かけ、平城宮跡でコスモスを眺めたり、春日山原生林に分け入って青く輝く糞虫ことルリセンチコガネを捕まえていた。

　奈良のある乗り換え駅の駅前に定食屋があって、古くて小さい店なのだが、そこでおやじさんかおかみさんにモダン焼きを注文すると、必ず店の奥からおやじさんの母親らしきおばあさんがヨロヨロと出てくるのだ。足取りはかなりおぼつかなくて、見ていて心配になるが、テーブルについた鉄板でモダン焼きを焼く手つきには迷いがない。味もそうだがこのモダン焼きプロフェッショナルおばあさんの様式美が気に入り、奈良に行くと立ち寄るようにしていた。

　天川村に行った帰りも、「東京で就職してしまったし、しばらくあの定食屋にも行けないだろうな」と思ったら、行っておかねばという気になった。引き戸を開けると、ちょっと様子が違う。おばあさんしかいないのだ。

　いつものようにモダン焼きを頼むと、無言で焼き上げたところまでは同じだったが、そのあとは奥に引っこむでもなく、腰に手を当てて店内のテレビを見上げている。やがて、ゆっくりと口を開いた。

「今日はな、いちばん上の孫娘の結婚式で。わたしはお留守番ですのや」

（しゃ、喋った！！！）とわたしは思った。

　おばあさんはそのままの調子で話しつづけた。3人いる孫娘のうちの長女は、小さいときに幼稚園の友達に「うちはおじいちゃんもおばあちゃんも死んじゃったよ」と聞かされて、帰ってきて「おばあちゃんはいつ死ぬの？」と質問してきたこと。しかし誰よりもおばあちゃん子に育ち、今は介護の仕事をしていること。海外での挙式におばあちゃんも来てほしいと言われたが、体のことを考えて遠慮して「これをおばあちゃんだと思って」と真珠の3点セットを贈ったこと。今日は近所の銭湯で薬草湯をやっていたこと。

わたしはそれを、モダン焼きを食べて瓶のコーラをグラスに注ぎながら聞いていた。おばあさんはまるで、終業式の日に通信簿を持って帰ってきて読み上げる子供のようだった。孫娘の結婚式は、たとえ遠い外国で行われていても、おばあさんの人生にとって特大の「5」なのだ。「わたし、東京で就職したんです。これからあんまり来れないけれど、今までありがとうございました」と言って、わたしは店を出た。それから奈良に行く機会は何度かあったが、もしおばあさんが元気でなかったらと思うと怖くて、その店には行けていない。あんなに見事に人生の総決算をされると、いつでも軽やかに退場されてしまいそうではないか。

何か大きな決意を、旅先でしたくなる気持ちも分かる（知らない人を立ち会わせるのは、できればやめてほしいけれど）。いろんなことでどん詰まりになる気持ちも、それを旅や住みかを変えることで晴らしたくなる思いも、よく分かる。

わたしにとって旅行はただの移動であり気晴らしだ。自分がホームで抱えている問題がアウェイで解決することなんてない。と、ずっと自分を戒めてきたし今もそう思っている。どこにいても不安だったあのころよりも、わたしがわたしのままで楽しくやれる場所は確実に増えている。それは、とても幸せなことだ。

しかし、数年前のようなただの暗中模索ではなくて、いろんなことに目鼻がついてきた今ならではの不安もある。気持ちを投げ捨てに行くのではなく、不安から逃げ出すためではなく、自分が自分のままで生きていられる場所を探すための冷静な移動があるとすれば、それはどんなものになるだろう。

そういう場所を守っていくこと、そして駄目だと思ったら潔く次に飛び移ることは、生涯を通じてサボるわけにはいかない。奈良のあのおばあさんとわたしの人生は、ずいぶん違うものになるだろうけれど、あのおばあさんみたいに自分が年を取ったとき、ふと出会った人に思わず人生の報告をしてしまうような、勝ち鬨《どき》の瞬間がいくつかあれば面白いなと思う。

8

移動してもしなくても、世界は混ざって変わりつづける

大学1年生の前期、レポートの書き方や討論のやり方を学ぶ授業があった。あるとき、班を作って自由なテーマで発表することになり、わたしの班が選んだのは「カルト宗教」だった。日本にはこんなカルト宗教がある、洗脳の手口はこうで……と講義室で順番に発表したが、今思い出しても、熱意も考察のかけらもない稚拙なものだった。ユルユルの教養単位だったとはいえ、いつもニコニコしていた先生の精神力には頭が下がる。

発表のあと、聴いていたクラスメートのひとりが手を挙げた。

「僕は親が●●の信者で、僕も中学までは信者だったけど疑問を感じて抜けたんです。そのときは、今の発表にあったような違法な引き止めはされませんでしたよ」

「元信者の人は脱退したあと、まるで正反対の宗教に入ったみたいに熱心に教団批判をすることもあるんです。もちろん反社会的な宗教団体はあるけど、冷静さを欠いたバッシングもあることを差し引いて考えてもいいかもしれません」

●●は、有名な新宗教のひとつだ。教室に気まずい空気が流れた。

とにかく恥ずかしかった。30人のクラスに、新宗教に関わりを持ったことがある人がいる可能性を想像できてさえいれば、少なくとも新宗教がまるごと「カルト」であるかのような雑な発表は避けられただろう。ほかにも似た立場の人が黙っていた可能性を考えると、彼が手を挙げてくれたことはひとつの救いでもある。

わたしの生家はいちおう浄土真宗の寺の檀家だが、お正月は神社に初詣に行き、クリスマスにはケーキを食べる。おそらく日本人の最大派閥の宗教観に属している――つまり、仏教や神道の下地はあるが、確固たる宗教上のアイデンティティはなく、それで悩んだこともない。12歳のときにオウム真理教事件が起き、大学入学当時もイベントサークル等を装い新入生を勧誘する宗教団体が話題になっていた。宗教を強く意識する場面の多くで、宗教は「日常の向こうからたまに手を伸ばしてくる悪いもの」として現れた。

その嫌悪の眼差しを、クラスメートに言い当てられたのだ。反社会団体としてのカルトには用心が欠かせないし、教団のイメージも場面によって変わるだろう。でも、雑な物言いをしたあげく、ケンカを売るつもりのない相手を不快にさせた失敗は消えない。

多くの人にとって大学時代は輝かしいものらしいが、わたしが思い出すのはこんな気まずいことばかりだ。安酒を飲んで議論を戦わせたり、学生特有の「人生経験」をひけらかし合うマウンティングのノリにも馴染めないが、かといって学問に打ちこむでもない。これという趣味もなく、世間知らずだがプライドは高いがゆえの小さな行き違いを繰り返していたような気がする。

「か、かわいい……」

ここに来て、何度口にしただろう。ゴシック建築のキーワードは「荘厳」だと、世界史の授業で丸暗記したような気がする。でも、この白い木造の教会はとにかくかわいらしい。

コウモリの翼のように、細いアーチを集めて作られた「リブ・ヴォールト（こうもり天井）」は、ヨーロッパの宣教師がこの地に伝えたゴシックの建築様式だ。たしかにこの小さな教会にも高さを与え、荘厳さを醸し出すのに一役買っている。

でも、パステルカラーに塗られた堂内、大きな巻貝を使った聖水盤、木のベンチに置かれた赤い表紙の聖書、簡素なステンドグラスの色合いの愛らしさに、わたしの乙女心はかつてないほどに燃え上がった。磔にされたキリスト像さえうたたねしているような表情で、赤ん坊を抱いたマリア像のふっくらした頬には農婦の面影がある。

ここは長崎市から西に100キロメートルほど離れた場所、五島《ごとう》列島の福江《ふくえ》島にある水ノ浦教会。江戸時代、長崎本土の外海《そとめ》地区からたくさんのキリシタンが島へ移住してきた。その子孫たちが建てたものだ。

五島列島は中通《なかどおり》島、福江島、若松《わかまつ》島、奈留《なる》島、久賀《ひさか》島の5つの島を中心とした、無人島を含む約140の島嶼《とうしょ》群だ。五島に移住してきたキリシタンの信徒たちは、迫害の時代を経て明治6年（1873年）に禁教令が解かれたあと、次々と教会を建てた。北東から南西に向けて、約80キロメートルに横たわる細長い列島に、なんと約50ものキリスト教の天主堂がある。そのほとんどは今も現役で、ミサなどの行事に使われている。

九州の近代文化遺産を紹介する『九州遺産　近現代遺産編101』（砂田光紀 文・写真／弦書房）

という本でこの教会群を知ってからというもの、訪れたい思いは募るばかりだった。念願がかなったのは、2011年の春のことだ。

水ノ浦教会の裏の高台は、墓地になっていた。墓石のてっぺんに十字架を載せた和洋折衷感のある墓が並ぶ中を通り抜け、教会を見下ろす。黄砂にけぶる曇り空の下、尖塔の向こうに海が見える。外洋の高波も、リアス式の複雑な海岸線や小島に阻まれてここには届かない。漁船がしきりに往来する賑やかな海だ。

灰色の地衣類がまとわりついた古い墓石のひとつに、水色のガラス玉を細くつないだロザリオがかけられている。その風景がとても美しいと思った。古くても大事にされている場所のにおいを嗅ぐと、知らない土地でも安心する。

古い教会建築もいいが、比較的新しい教会にもすごく素敵なものがある。三井楽《みいらく》教会は1971年に建てられた平屋だが、内部がとにかく素晴らしい。祭壇に向けて傾斜した屋根、いくつも下がるシャボン玉のようなライト。

窓に入ったステンドグラスは、地元の人たちが自ら工房を作って製作しているものだ。羊や茨冠《けいかん》といったキリスト教のモチーフだけでなく、海に向かって立つ墓やカニなど、この島の風景も描かれている。

三井楽教会のような立派なステンドグラスのある教会は珍しい。水ノ浦教会でもその次に訪れた貝津《かいつ》教会でも、木枠と色ガラスを組み合わせただけの簡素なステンドグラスが窓を彩っていた。しかし、それぞれ工夫された色や模様の組み合わせには同じものがなく、素朴さがかえって心を打つような美しさがある。

今までに歩いた好きな場所たちを断片的に思い起こさせる。

福江島からフェリーに乗り、「上五島《かみごとう》」と呼ばれる北東部の中通島に向かった。福江島よりさらに険しく細長い、まるでたなびく人魂《ひとだま》のようなフォルムの島だ。福江島ではできるだけバスを使って観光したが、中通島では観念して貸切タクシーを頼んだ（運転免許も持ってはいるものの、いささか高価な身分証明書以上の機能はない）。

旅館の女将さんが「わたしのおすすめの人に電話するね」と言ってくれたとおり、翌朝現れた運転手さんは非常に達者なガイドだった。五島育ちのカトリックで、リクエストした教会を回るかたわら、島の名所や歴史を手際よく説明してくれる。1日かけて、教会だけでも8カ所ほど連れまわしてもらった。

急峻な島の山道や海辺にぽっかり現れる教会は、寄り合い所のような簡素な木造のもの、明治期の外国人邸宅のような瀟洒《しょうしゃ》なもの、レンガや石造りの重厚なもの、コンクリートでできた近代建築――と本当に多様で、まるで島に散らばる宝石みたいだ。

仲知《ちゅうち》教会で、建設に関わった功労者たちが描かれた精巧な「漁師のステンドグラス」を眺めていたときのことだ。地元の人に「東京から来たの？　まあ、そんな遠くから巡礼なんてえらいことねえ」と声をかけられた。「あ、いえ……」と縮み上がったが、運転手さんを見ると「誰も損しないから、そういうことにしておきなさい」的な顔をしていたので、はっきり否定しないでおく。

長い歴史のあるもの、土地と深いつながりを持って愛されているものに憧れる一方で、どこかにどっぷり根付きたいとはどうも思えない。そんな自分をいたたまれなく思う気持ちは、旅先にいつも影のようについてくる。

レンガ造りの青砂ヶ浦《あおさがうら》教会、ルルドで有名な旧鯛ノ浦教会などを次々とめぐってもらう。ルルドは、フランスのルルドの泉（聖母マリアが少女に秘蹟を授けたという聖水の泉）にちなんで教会の敷地内に作られた泉だ。白い花の下、マリア様を伏し拝む少女の像も愛らしい。運転手さんは「マリア様を作る工房に連れて行きたかったけど、今日はお休みでねえ……」と残念そうだった。

お昼に「遣唐使ふるさと館」で名物の五島うどんを食べて出てきたところで、不思議な鳥居の神社を見つけた。海童《かいどう》神社という海神《わだつみ》を祀る神社だそうだが、石の鳥居のうしろにあるのは、捕鯨会社が奉納したクジラの顎骨の鳥居だ。東シナ海に浮かぶ五島は捕鯨の歴史も長く、ほど近い横浦地区には捕鯨基地の跡地もある。そして、もちろんカトリックだけの島でもなく、仏教や神道も共存する島なのだとあらためて実感する。

運転手さんが子供のころは、仏教徒とキリスト教徒の子はいっしょに遊ぶことはなかった。地域の行事も分かれていて、断絶は今よりずっと大きかったそうだ。それは単に宗教観によるものだけでなく、厳しく険しい山奥に住むしかなかったキリシタンの移民と、もとからこの地にいた仏教徒や海神を奉る漁師たちとの間にあったコミュニティの格差が、長年にわたって引き継がれたものだったかもしれない。

その後も見学を続ける中で、特に心に残ったのは頭ヶ島《かしらがしま》教会だった。頭ヶ島は中通島とは地続きでない離れ小島で、政府の目が届きにくく禁教下のキリシタンには住みやすかったようだ。しかし明治初期の「五島崩れ」と呼ばれる弾圧を受けて全戸が島から落ち延び、一時は無人島になっていたという。

晴れて信仰を表明できる世の中になったから、今度こそずっと大事にできる教会が欲しかったのだろうか。頭ヶ島教会は、西日本で唯一の石造りの天主堂だ。近くの島から砂岩を切り出して運び、中通島とも架橋して、なんと11年という歳月をかけて完成させたのだという。

その喜びは、外観の重々しさとは対照的な内部の華やかさにも表れている気がする。五島の教会には珍しい船底を逆さまにしたような天井に、五島の名産であるヤブツバキの花が優しい色であしらわれ、「花の御堂」とも呼ばれている。

この教会は、鉄川与助《てつかわよすけ》という五島出身の大工棟梁の設計によるものだ。与助は福岡・佐賀・長崎で活躍し、宣教師から積極的に教会建築を学んだ。特に五島の教会建築ラッシュを支え、生涯で30余りの教会の設計に関わり「日本の教会建築の父」とも呼ばれる。

「福江島で見た堂崎教会に水ノ浦教会、中通島では青砂ヶ浦教会、それに大曽教会も……建材も様式も、全然雰囲気が違う教会ばかりですね。与助ってすごい棟梁なんですね！」と運転手さんに話しかけると、「そうでしょう。でも、本人は一生、浄土真宗の仏教徒だったんですよ」と言う。元海寺《がんかいじ》という与助の菩提寺にも連れていってもらった。

美しい教会をいくつも建て、宣教師や信徒たちとの関わりも深かった与助が仏教徒だったというのはなんだか意外で興味深い。わたしなんて、ちょっと見て回っただけで「こんな場所を心のよりどころとして暮らせたら、すごく心が救われることもあるだろうな……」と思いつつあるのに（これは単なるミーハー心だが）。でも、信徒でないわたしが教会群の美しさに打たれ、大事にされている様子に安心するのと同じように、美しいものや人が集まる場所を作りたいという気持ちの源は信仰心でなくてもいいのだろう。

江戸幕府がしいた寺請制度のもと、潜伏キリシタンたちはもれなくお寺の檀家でもあった。１８６８年に起きた久賀島の大殉教「牢屋《ろうや》の窄《さこ》」では、２００人の信徒が12畳の狭い牢屋に8カ月にもわたって押しこめられた。座ることもできず排泄もその場に垂れ流しという想像を絶する拘禁で、42名が亡くなった。与助が生まれたのはその11年後だが、弾圧の時代が終わってよかったという気持ちは仏教徒も同じだったのではないか。

「神父さんも与助さんにキリスト教への入信を勧めたことが一度だけあったそうですけど、与助さんもきちんと断って、その後はお互いにその話はしなかったそうですよ」

運転手さんも、与助と宣教師の間に、信仰心とはまた別の絆を感じているようだった。

教会のそばの海辺のキリシタン墓地に、ピンクのマツバギクがたくさん咲いていた。曇り空の下、頭の中までぐちゃぐちゃになりそうな強い潮風に揉まれながら、砂地に根を張る花と厳しい土地にかじりついてでも生きた人たちのイメージが重なった。

バスに乗り港へ向かう道すがら、穏やかな入り江をのぞむ中ノ浦教会を最後に見ていくことにした。

中ノ浦にも「五島崩れ」の弾圧の歴史があるというが、静かな入り江にその面影はない。教会は祭壇部のみリブ・ヴォールト、それ以外は船底天井という不思議な造りで、列柱の上に並ぶ真っ赤な椿の装飾がとても鮮やかだ。実際よりも少ない4枚の花びらのヤブツバキは、十字架になぞらえたものだろう。この島ならではのモチーフに彩られていることが、この教会群をいっそうかけがえのないものと思わせてくれる。

五島の教会群を、ユネスコの世界遺産に認定させようという活動も行われているようだ。過疎が進む五島でこれからも教会を守っていくため、文化遺産として整備することも必要かもしれない。でも、あくまで生活の中で大事にされているがゆえの美しさを目の当たりにした身としてはちょっと複雑だ。旅人が一般家庭にホームステイする小値賀《おぢか》島の「民泊」など、早くからアイランドツーリズムの新しい挑戦をしている五島だから、良い方向に向かうといいけれど——でも、これはニッチな場所好きな観光客の勝手な期待にすぎない。

勝手な期待といえば、この五島列島の旅を書くことをきっかけとして、最近驚いたことがもうひとつある。

信仰の自由が認められたあとも、カトリック教会の宣教を受け入れずに潜伏時代の信仰を守る「カクレキリシタン」と呼ばれる人々がいる。美しい教会をめぐるかたわら、わたしは五島にもわずかにいるというカクレキリシタンについても想像を広げていた。

旅の中でカクレキリシタン信仰に触れることは難しいが、当初伝えられたキリスト教を弾圧に耐えて秘匿するうち、変容してもともと相容れない形になってしまったというのはすごく面白い。そして、今も秘教の形態を守っているというのはどこかロマンがある——そう思っていたのだ。

しかし、先日読んだ『カクレキリシタンの実像　日本人のキリスト教理解と受容』（宮崎賢太郎／吉川弘文館）が、目からボロボロとウロコを落とすのを手伝ってくれた。長崎生まれのカトリック信者で長崎のミッション系大学の比較文化学科教授である著者は、「カクレキリシタン」

という言葉に対する右記のような誤解を、ひとつひとつ誠実な筆運びで解いていく。

正しく伝えられたキリスト教の教義が、弾圧の歴史を経て変わってしまったのではない。江戸時代の庶民にとって、キリスト教の教義を正しく教わる機会はあまりに少なかった。キリスト教は仏教や土着の信仰と矛盾するところなく、ご利益がありそうな新たな「助っ人」として受け入れられた――つまり、伝道の当初からキリスト教本来の姿ではなく、祖先崇拝や現世利益志向の強いきわめて〝日本的な〟宗教だったという。儀式や礼拝を厳しく秘するのは、「先祖代々伝えられてきたものを絶やさない」という祖先崇拝および儀礼尊重の表れだ。

これも先のカルト宗教と同じような、よりセンセーショナルでオカルトチックなエピソードを求める心が生んだわたしの誤認だったのだが、このときは恥ずかしさよりも嬉しさが先に立った。新しい信仰を飲みこんでは咀嚼して進みつづける民衆の心のはたらきが、逞しくて愛おしいと思えた。

ここで思い出したのは、大阪にある国立民族学博物館の展示だ。2015年の8月に訪れたとき、博物館の展示が仮面や民族衣装などの「広い世界の古くて珍しくおかしなもの」を紹介するというより、「世界が混ざり合って変わっていく姿を示す」ことに、とても力を割いていることに気づいた。

たとえば、女性の社会進出が進んだ結果、オートバイに乗って出勤するようになったタイの女工と、昔ながらの托鉢僧の展示。または、移民に伴う世界の料理店の変化。エリック・カールの名作絵本『はらぺこあおむし』を、ページを開くと世界中の言葉で読んでもらえる音声装置。古いものや珍しいものだけを集めて並べるのではなく、世界の現在や未来と向き合う覚悟がそこにあるような気がして、見てまわりながら泣きそうになってしまうことが何度もあった。

以前にもみんぱくには来たことがあったのに、そんな風に感じたのははじめてだった。移動に関する文章をこうして書きはじめたこと、ここ数年で出かける回数がぐっと増えたことから、世界が混ざり合っては変わっていく様子をより強く意識するようになったのかもしれない。しかし、世界のほとんどの人々は移動することがないままでも、否応なしに混ざる世界に巻きこまれ、変わっていく。

今は、目を開けてその様子をしっかりと見ていたい。勘違いをすることも誰かを傷つけることもきっと無くならないだろうが、世界の美しいものを目に納め、あれこれと憶測し、次の瞬間には憶測を裏切られ、そのすべてをつたなくも書き残しながら歩きまわってみたい。

9 老いに立ち向かうための戦車

胃が痛い、頭痛がする、肩がこる、腰が重い、片目のまぶたが痙攣する、扁桃腺を腫らして年に数回は風邪で寝こみ、冬は手足が冷えて寝付けず、理由もなく気分が落ちこむ――と年がら年中、細かい不調を訴えているわりに、今まで入院するような大きな怪我や病気はしたことがない。これをかさに着て、日頃から「スポーツっていうのは健康に悪いんですよ！　みんなしょっちゅう怪我してるじゃないですか！」と主張している運動音痴、それがわたしである。

しかし、学生時代は帰宅部あるいは文化系サークルに所属し、継続的な運動習慣を身につけないまま就職してはや数年。年を重ねるにつれ、小さな不調が無視できない頻度になってきた。これらの症状が、積年の運動不足から来ていることは容易に想像がつく。怯えながらもフィットネスジムに足を踏み入れたのは、20代も後半になってからのことだ。

最初は数多あるマシンの中でも取っつきやすそうな、ベルトがぐるぐる回転するランニングマシンで走りはじめた。「こんな回し車に乗ったハムスターみたいなスタイル、屈辱的すぎる……」と思いながらもしぶしぶ続けるうちに、爽快な汗が噴き出すタイミングを体が覚えてくる。「ランニングで有酸素運動もいいが、まずは筋肉をつけるのが先ではないか？」と思い、ついにフィットネスインストラクターに教えを請うてみることにした。笑顔が素敵でハキハキとした、自分とは正反対のスポーツマンに相対するのだという警戒心をもってレッスンに臨んだが、インストラクターは小中学校の体育教師とは違う。身体能力の低い人間をバカにすることなく、丁寧にマシンの使い方や体の動かし方を教えてくれた。

何度も挫折してサボり期間を挟みながらも「今日はいい汗かいてさっぱりしたいな〜」という今までにない欲求にたびたび囚われるようになり、1年ほどジム通いを続けたころ、肩こりや胃が痛くなる頻度が劇的に減っていることに気づいた。仕事の悩みがあっても、汗を流すと思考の闇のループを減速できる。運動の効能をはじめて実感して、嬉しいだけでなくてちょっとショックだった。

何しろ、あれだけ運動と名のつくものを全否定してきたのだ。身体よりも精神のほうが上等だ、身体は心の容れものにすぎないと思おうとしてきたのに、ハムスターの真似事で精神が上向きになるなんて。なんだか、そんなのって、ちょっと納得いかない……と、脳は単純さに戸惑いながら、エンドルフィンがもたらす高揚感に浸るのである。

先日ネットを見ていたら、人間の寿命が120歳にも延びる可能性がある不老薬の臨床試験がアメリカで開始される、というタイトルのニュースが流れてきた。この手の医療系ニュースは不必要に楽観的なことが多いので、いつもは話半分どころか話2割くらいで読むようにしている。しかしこのニュースには、それ以前に「今の社会で120歳まで生きてどうするんだよ……」と思ってしまい、詳しい内容を知りたいと思えなかった。

売り文句が「年を取ってもボケもせず、目も耳も足腰も達者でいられるQOL（Quality of Life＝生活の質）向上薬」であれば、飲めるなら飲みたいかもしれない。しかし、どうせならタイマー機能もついていて、ある年齢になったらポックリ逝けるほうが需要がありそうだ。衰えた体で過ごす老後を考えるのも怖いが、体だけが元気で働き口も年金保障もない状態で迎える老後も、想像したくないくらい恐い。

老いに対する恐怖心について考えると、思い出すのは実家で同居していた父方の祖母だ。顔を合わせれば、出てくるのは老いへの愚痴ばかりだった。目が悪くなった、耳も聞こえなくなってきた、足腰が弱らないように毎日歩いて友達のところに遊びに行くけれど、みんな先に死んでいくんよ。

祖母は実際には、「死なないために」と唱えながら毎日尋常でない距離を散歩していて、晩年までわりと丈夫なまま長生きした。しかし、百万回くらいこの話を聞かされながら「死なないために運動をするのだとして、しかしこれだけ老いがつらいという話を反復しているのだったら、生きるってなんだろう？」と、幼いころのわたしは不可解に思っていた。

運動神経がヤバくても、体を正しく動かすことが気晴らしや快適さにつながっていって、ひいては「死ぬまでなるべく楽しく生きる」ことに連結しているんだよ、と、当時のわたしに教えてあげたい。祖母だって散歩が楽しくなかったわけではないと思うのだが、とにかくおばあちゃん、愚痴りすぎである。

中学生のとき、所属していた生徒会の恒例イベントだか何かで、地元の老人ホームを訪問したことがあった。ご老人たちと中学生が数人ずつで気まずく向かい合っていると、ホームのスタッフが部屋をのぞいて「盛り上がってますか⁉」と声をかけてきた。間髪入れずにひとりのおじいさんが「盛り上がっとりゃせんわ」と切り返し、わたしは心中「ですよね……」と同意したものだ。

帰り際にホームの食堂に行くと、車椅子に乗ったふたりのおばあさんがテーブルを挟んで、ブツブツと呟きあっている。どちらもぼやけた色の服を何枚も着こんで、背を丸めた姿は、鏡を合わせたように似ていた。なんとなく剣呑な雰囲気を感じて耳をそばだててみると、彼女たちは「……こん馬鹿が」「……死ね」とテーブル越しに呪詛を投げ合っているのだ。そのお年で「死ね」は、ちょっとシャレにならないからやめておいたほうがいいのではないか。相手の言葉が聞こえているのかもよく分からない独特な間合いで、ずっとやりとりが続いている。

「毎日毎日、ああやってケンカしよんのよ。係わり合いにならなきゃいいのに、結局そばにいるんよねえ……」

と、スタッフの方が教えてくれて、その場は「ケンカするほど仲がいいってね」的に丸く収める雰囲気になったが、まだまだ若かったわたしにとって、老いへの恐怖を強烈に感じる出来事だった。「人という字は人と人が支えあってできている」という馬鹿げた小噺があるが、あれはお互いへの憎悪をつっかい棒にして支えあうようにして生きている「人」の字だったかもしれない。暗く根に持つ性格である自分も将来陥りやすそうな暗黒面だと感じたのも、恐怖の一因である。

2015年の9月下旬、連休を利用して2泊3日で岩手県の遠野に行ってきた。駅で自転車を借りて、名所旧跡をほっつき歩いた。

願掛けの赤い布で埋め尽くされた神社・卯子酉《うねどり》様。苔むした無数の岩に刻まれた五百羅漢。陽物をかたどったものがいくつも祀られたコンセイサマ、奇怪なバランスの巨石・続石《つづきいし》……。『遠野物語』の舞台として様々な伝承が残る遠野だが、名所旧跡をめぐってみると、単なる田舎というよりもよく整備された観光地感が否めない。あちこちにツアーバスが何台も停められる大きな駐車場があり、観光マップの名所や言い伝えをなぞっても、かつて夜の闇や貧しさと共にあっただろう〝異界への入り口〟を、真に迫って感じられるわけではない。でも、ママチャリのやけに重いペダルを必死に踏んで、秋の田んぼの間をひた走るのは気分が良かった。

集落の外れ、「姥捨て」の言い伝えが残るデンデラ野の近くに差しかかる。橋のたもとに老女を背負って捨てに行く人のシルエットが描かれていて、なんという直球なモチーフなんだ……と思わず笑ってしまう。今は豊かな水田が広がっているが、昔はたびたび飢饉に見舞われた厳しい土地で、齢60を超えた老人たちは子や孫に負担をかけないようにデンデラ野に集まった。といっても、集落と完全に断絶するというほどの距離ではない。昼間はデンデラ野から下り、集落の農作業を手伝ってわずかな食料を得て、身を寄せ合って暮らしていたらしい。

田んぼや牧草地になっている傾斜地の中に、デンデラ野をしのぶために切り払われた野原があり、そこに石碑と藁でできた質素な「あがりの家」が建っている。老人たちが共同生活を送った場所をイメージしたものだ。

秋晴れの下、のどかな野原にポツンと建った家がかわいらしい。年を取って働けなくなって家族に邪険にされるよりは、老人だけで集まって住んだほうが気楽な面もあるかもなあ——と、牧歌的な雰囲気につい思いかける。

いやいや、あまりお花畑な妄想をすべきではない。第一わたしは、団体行動や共同生活が大の苦手である。若いときにできなかったことが、年を取ってからいきなりできるようになるはずがない。老人ホームで友達を作るより、宿敵とも言える婆さんを見つけて毎日罵りあう。やっぱりそっちのほうが、どう考えてもしっくり来てしまう。なんなら、老人ホームでの毎日を赤裸々に綴った愚痴ブログを世界に公開していそうである。

しかし、わたしが老人になるころには老人の数も爆発的に増えているわけで、「老人ホームに入る」という妄想すら贅沢なのかもしれない。物価の安い国に脱出して老後を楽しむなんていう人もいるけれど、それも一理あるかもなあ、しかし年を取ってからいきなり海外生活できるかなあ、と、思考はあまり明るくないほうへ転がっていく。

外で夕食をとって帰ってきて、宿の食堂でペットのオス猫と無限に戯れる。宿のご主人がカウンターの中から、「コーヒーでも飲みませんか」と声をかけてきた。

今日はどこまで自転車で行ってきたのか、と訊かれて「伝承園とカッパ淵、そのあとデンデラ野まで行って、たかむろ水光園《すいこうえん》でお風呂に入って帰ってきました」と答えると「はあ！　それは頑張りましたね！」と笑われる。

「カッパ淵、普通の川でしたでしょう」

「そうですね、2度目だったのでガッカリはしませんでしたけど、何度見ても河童がいそうにはないですねえ……」

「本当はね、ほかにもカッパ淵と言われる場所はあるんですよ。全然人がいなくて、気味が悪くて河童が出てもおかしくないと本気で思えます。飢饉のときに口減らしに水子を流したような場所で、その子が河童になって出てくるような気がしたんでしょうねえ」

ご主人は、この地にまつわる伝承や怪異の話が大好きらしい。

「お客さんが通って帰ってきた山道ね、地元の人がお風呂に行った帰りに夜道を歩いていたら、ねずみ色の服を着たおばあさんがいきなり現れたんですよ。あいさつしても返事もしない、地元のものならありえないことです。ブクブクの花っていって、葉っぱを水につけて揉むと泡が出るからこの辺でそう呼ぶんだけど、その花を入れたかごを持っている、でもブクブクは夏の花だから、完全に季節外れなんです。それでおかしいなと思っていたら、あとから見たら荷物に入れていた魚の塩焼きがなくなっている。タヌキかキツネの化けたものだろうっていうんですけどね」

怪異を語る口ぶりも、実になめらかだ。〝異界への入り口〟はここにあったのか！　とわたしは椅子に座りなおした。

「うちに来るお客さんはそういうものが好きな人が多くて、忙しくなければ観光マップに載ってないような場所を案内してあげるんだけどね。夜歩くのが好きな女の人もいて、前に白いワンピースに麦わら帽子で、バスケットを持って山を越えて行こうとして、でも歩き疲れて道端で寝ちゃって、朝方になってトラックに拾ってもらったんだって。ドライバーからしてみたら、完全に幽霊だから本当に怖いですよね」

なんとも迷惑な話だ。夜の山道で車に乗っていてそんなものを見てしまったら、わたしなんてもう絶対に無理だ。怖すぎる。

「でも、遠野物語に出てくるような山男や山女っていうのも、山奥から出てきた採掘場の人だったりするしね。遠野物語は平地の農耕民から集めた昔話だから、ふだん接しない奇怪な風体の山人は、それこそ妖怪と同じくらい恐ろしいものとして書かれているんですよ」

なるほど。わたしは、遠野市の博物館で観た「サムトの婆《ばば》」という昔話のビデオ映像を思い出した。何十年も前に神隠しにあった娘が、異様な姿の山婆となって、生まれ育った家に年に一度だけ帰ってくるようになる。しかし、そのたびに嵐が起きて作物が駄目になってしまうので、村人は心を鬼にして追い返すようにした、という筋だった。あれはてっきり姥捨ての話かと思っていたが、山人にさらわれてあちら側の仲間になってしまった女を、村が拒絶するお話だったのか。

「素性の知れない、よく分からない人間っていうのは、それだけで妖怪だったんですよ」

たまにしか飲まないコーヒーをすすりながら、わたしは口には出さずにこう考えていた。

「じゃあこのまま、なるべくひとつの場所に属さないように生きていったら、わたしはやがて『妖怪』になるんだなあ」

妖怪の話から強引につなげるようで恐縮だが、漫画家の水木しげるさんの訃報を聞いたとき、「え、あの人も死ぬんだ」とまず驚き、その次に「あ、わたし、水木先生は死なないと思っていたんだ」と気がついた。あの凄まじい点描で彩られた濃密な異界に半分身を置いていたようでありながら、ご本人にまつわるエピソードは90歳を超えてなお、生命エネルギーの強さを感じさせるものばかりだった。

同時に「ああ、圧倒的な業績を残した人の大往生って、本当にいいものだよな」とも思った。もちろん、亡くなるしばらく前から変調の積み重ねがあったとのことだし、ご親族の苦労がなかったかのように言うつもりはない。しかしまさに「生ききった」という感のある人生の終わりに、正直に言って羨ましさを感じた。

あの耳目を集めた本『完全自殺マニュアル』（鶴見済／太田出版）を読んだのは、小学生のときだ。年の離れた姉が手に入れたその本を夢中になって読んで、いろんな方法でこの世にけりをつける自分を想像した。本当に生きづらくてダメだったら死んでしまってもいいんだ、そう思うことで、本当にダメになるまでは少しだけ安心してやっていける、そのために書かれた本だと思った。

身体の衰え、貧しさ、そして孤独が地獄の三輪車となって走ってくるのが老いるということだ。とはいえわたしはまだ30代前半なので、実際のところそれらの影を意識しはじめたばかりにすぎない。これからはよくある怪談のように、振り返るたびにその影が近く、濃くなっていくのを感じることだろう。政治にも社会にも自分自身にも、さっぱり安心できる要素がない。息が切れるまで走って逃げようとしても、いつかは追いつかれるだけのことだ。

自分がどんな死に方をするとしても、所詮は自分のことなのでだいたいあきらめがつく。「最後はちょっとイケてなかったけど、まあ楽しい時間もあったよね」くらいの感想に落ち着きそうだ。でも、できれば自分を知る人に憂いを残したくないということが気になっている。

いい文章やいい仕事を残して、丈夫で長生きして皆に惜しまれつつもあきらめがつくくらいの寿命を全うして世を去れれば最高だが、そううまくはいかないだろう。多少悲しい死に方をしても、周囲の人が「あの人、トータルではわりといい人生だったよね」と言うような感じで死にたい。要するに、大事な人たちに最後の見栄を張ったまま去りたいのだ。たとえばお葬式で、思わずちょっと笑ってしまって、場が明るくなるような仕掛けが何かできないだろうか。まだまだ先の話だとしても、その用意をはじめておくのに早いということはない。残りの人生を常に意識して充実させるための、心理的なフックにもなるだろう。起死回生(実際は死んでいるけど)の一発として、わたしが目をつけたもの。それは、西アフリカ・ガーナの装飾棺桶である。

装飾棺桶について知ったのは数年前、この本の装丁を手掛けてくれているデザイナーの大岡《おおおか》寛典《ひろのり》さんのFacebookの投稿がきっかけだった。美術展の仕事のために作家とガーナに同行した大岡さんの写真には、魚や携帯電話、カメラなどの形をした木のオブジェがたくさん並んでいて「このふざけた物体たちが棺桶……?」と衝撃を受けたのを覚えている。

ガーナの沿岸部に住むガ族の一部の富裕層は、飛行機やビール、カカオの実など、故人が生前好きだったものや商っていたものなどをモチーフとする棺桶をオーダーメイドで作らせ、それに入ってあの世に旅立つ。1950年代、生前飛行機に乗ったことがなかった祖母のためにカネ・クウェイという大工が飛行機の形をした棺桶を作ったのが装飾棺桶のはじまりだと言われているが、まるで演劇の大道具(それも、若干お笑い系の)のようなポップな棺桶は、日本人の死のイメージから果てしなく遠い。

ガーナの装飾棺桶は、今やアフリカ現代美術を代表するアイテムだ。この本の中にも何度か書いてきた国立民族学博物館には、いくつかの装飾棺桶が収蔵されている。みんぱくの入り口でいちばん最初に来館者を迎えてくれるのは、ピンク色の巨大な「エビ」の装飾棺桶だ。ガーナで今最も腕の立つ名工、パー・ジョーの作品だけあって、素晴らしい出来だ。これに入るのはエビで儲けた金持ちか、それともエビが大好きな金持ちか。その人生や、盛大に行われるのであろうお葬式への妄想が止まらない。

装飾棺桶への思いは日々募っていき、やがてわたしはガーナに渡ってこの目で棺桶を見てみたい、さらに自分の棺桶を作ってみたいと思うようになっていった。

精神の乗る船を快適に走らせるために体を鍛えるのと同じように、自分が好きだったものを表す陽気な棺桶に乗ってこの世を去ってみたい。お通夜やお葬式で、「あの人バカだったよね」「でも、好き勝手に楽しそうに生きてたよね」と言い合ってもらえるような、そんな棺桶を作りたい。

ふざけた思いつきにどんどん協力者が現れ、妄想に現実が追いついていき、気がついたらガーナ行きが決まっていた。果たして、ちゃんと望みの棺桶を持って帰ってくることができるのだろうか。不安は尽きないが、この棺桶が今感じている老いや死への恐怖、生きづらさに風穴を開ける戦車になったらいいなと、わりと本気で思っているのだ。

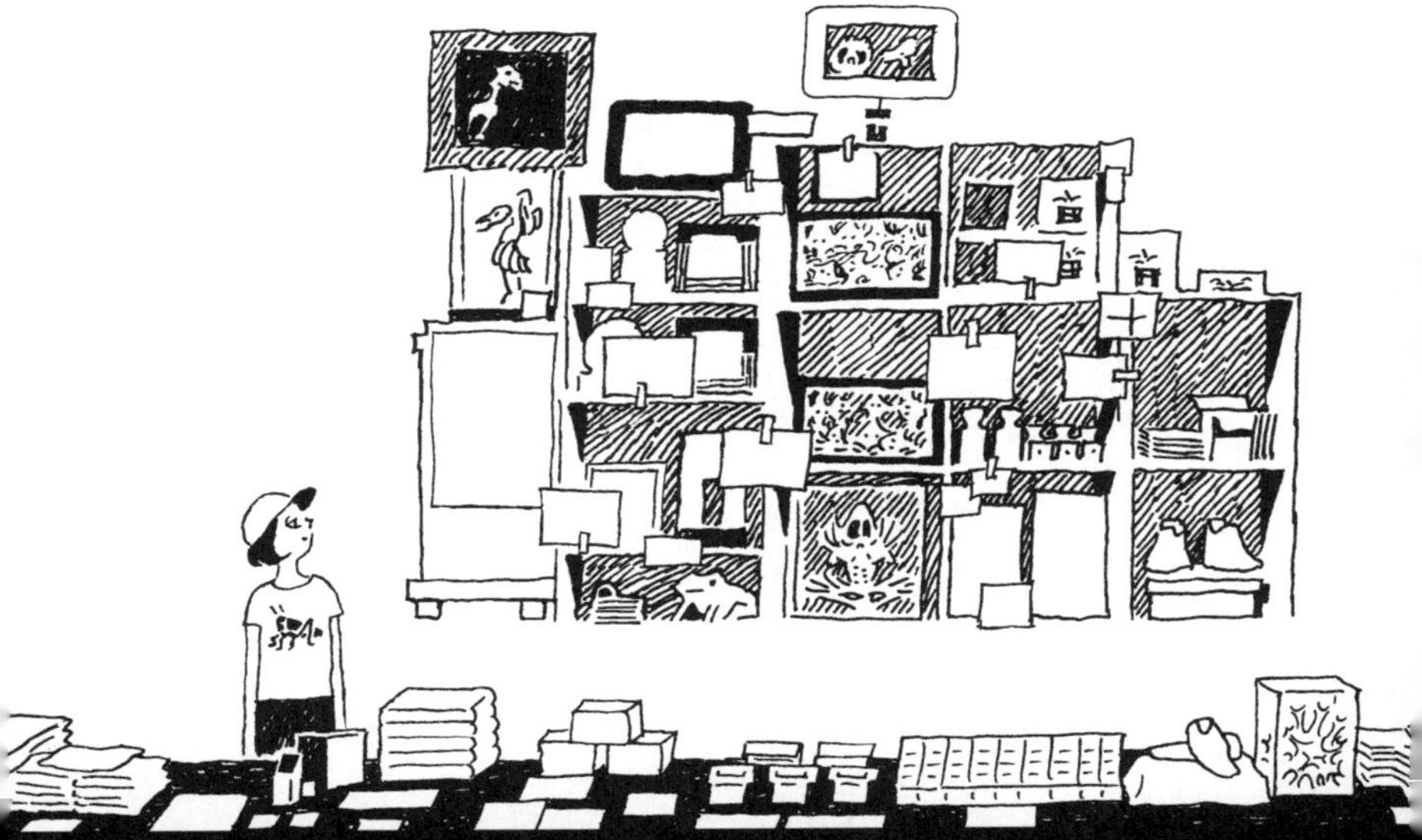

遠くに行く人のお助けマン

10

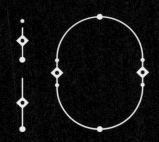

会社に勤めながら長文を書いたり、たまにイベントを主催したりしているので、バイタリティのある人間と思われることがある。とんだお門違いだ。実際は、何をしていても目の前のことから逃げ出したいと願っている。

オフィスにいると「早く帰って原稿を書かなければ……」と焦るし、原稿を書くときは「こんな孤独で腰が痛い作業じゃなくてイベントやりたいな～」と夢想するし、イベントの準備をしているときは「あぁっ! 依頼のメールを書いたり調整したり、プレッシャーが果てしない! 仕事のほうがなんぼか気楽だッ」と頭を掻きむしっている。そして電池が切れると、「ああ……絶対終わらん……もうだめだ……」と、動悸を感じながら布団に埋没していく。

やるべきことから逃げたいときほど、気分を変えたくてさらにいろんな話に乗っかってしまう。特に冬は、寒さがやる気と体力を3割削いでいくにもかかわらず、行事はやたらと多い。

結果として2015年の年末、わたしは原稿の〆切、マンションの購入手続き、冬休みにガーナに棺桶を作りに行くための予防接種やビザの手配、ガーナ行きの軍資金を募るためのサイト開設（これは結果的に、本当にやってよかったのだが……）、いつもより1週間長い冬休みのためにギチギチになった仕事、忘年会もろもろ、そしてイベントの出展準備などを抱えこみ、瞳は光を失って渦巻き模様を描いていた。

そんな師走の金曜、会社の忘年会から早めに抜け出し、京都行きの新幹線に乗った。週末に開催される生きものイベント「いきもにあ」に出展するのだ。どんなに疲れていても、ここまで来たらこっちのものだ。闇の中をぬるりと滑っていく新幹線の中でほくそ笑む。

ホテルにチェックインして、間に合わなかった自著のPOPを手作りしていると、ひと足先に京都入りして飲みに出ていた長姉と、次姉のマメコ、さらにマメコの友人であるタイ人のワーさんがどやどやと帰ってきた。

長姉はふだんは九州にいるし、マメコはタイのバンコクに住んでいて「マメコ商会」という屋号で虫をモチーフにしたバッグやTシャツを作っている。ここ数年はもっぱら、虫や鳥を見るための海外旅行や生きもの系イベントで顔を合わせることが多い。大分にいる父は今回は来ていないが、2011年に七十手前でボルネオに初海外・家族探鳥旅行をしてからというもの、毎年東南アジアに鳥を見に通っている。ここ数年、あちこちさ迷いがちなメレ山ファミリーを「生きもの」というキーワードがつなぐとともに、なお遠くへと向かわせているのである。

いきもにあでは、マメコ商会と昆虫大学の合同ブースを出す。わたしは商品を会場に直送してあるが、マメコはバンコクから巨大なカートを引いてきた。しかも、今回の目玉商品は靴だ。「前にTシャツでサイズと在庫管理に懲りたって言ってたのに、なんで靴なのよ」「だって、カタゾウムシの柄で作ったらかわいいって気づいちゃったんだもん。ちょっと履いてみて!?

……うわー! 昆虫テキスタイル界に革命を起こしてしまうかもしれない!」「たしかにこれはいいな〜。カタゾウムシって宝石みたいな光沢がもてはやされるけど、こうして見ると形もかわいいね！　お客さんが明日即決できるように、早くツイートしておこうよ」「サイズも箱に書いておかないと、ブースで収拾つかなくなるよね」

マメコはタイで開拓したサプライヤーと、絵のプロの知人の協力を得て商品を作っている。クオリティにはこだわるが、管理面ははっきり言ってザルだ。今回も納品が半分しか間に合わなかっただけでなく、ホテルであらためて検品すると、サイズの内訳が注文とまったく違っていた。しかし「まあ、総数が間違ってないだけでも御の字だわ。全部納品されても運べなかったし」とけろっとしている。

翌朝、大量の荷物をタクシーに積んで、会場である京都市勧業館みやこめっせに向かった。広大なフロアには長机が並び、各ブース出展者たちが開店準備をはじめている。わたしたちも、急いで段ボール箱を開けて準備をはじめた……が、まわりのブースに並ぶグッズに、すぐに気もそぞろになる。

わたしのお隣は、お友達の「ひよこまめ雑貨店」と「うみねこ博物堂」のブースだ。消しゴムはんこ作家のひよこまめさん（@hiyomamezakka／Twitter ユーザー名）と、昆虫標本や自然の造形物を扱ういそはえとりさん（@umineko22）のご夫婦は、仲良くアリの触角のカチューシャをつけている（ちなみに本稿ではこのあとも、人間なのかどうかも定かでないハンドルネームが頻出する）。

「こんにちは。アリの夫婦、素敵ですね！」

「ええ、実はいきもにあの運営スタッフもつけてくれているんですよ」

たしかに、見まわすといきもにあ公式Ｔシャツを着たアリさんたちが駆けずりまわっている。スタッフＴシャツだけでなく、スタッフ触角というのはなかなか粋だ。

ひよこまめさんたちのブースには、ケースに収められた美しいカタゾウムシの標本、海外の珍しい形の種子、ウニの殻、粘菌を模ったネックレスなどがぎっしり並び、よだれが出そうだ。開店前に全部つまみたくなる自分を押しとどめつつ「今日のうちに売り切れなかったら、あれとこれを買って……」と忙しく胸算用する。

開場30分前、ブースの向こうを見ると、数百人が入場待ちの列を作っている。運営アナウンスの間隔も短くなっていく。出展しても開催側にまわっても、イベント初日のこの30分間の緊張はいつも格別だ。お客さんが全然来なかったらどうしよう。あるいは読みが甘くて、１日目で売るものがなくなったりしたら……今さらどうしようもないことを心配しながらも、祭りの予感に胸は高鳴る。

それにしても「走らないでください」とアナウンスしながら、流しているのは映画『マッドマックス　怒りのデス・ロード』のサントラなのはどういうことか。こんな音楽で煽ったら、今はお行儀よく並んでいるお客さんたちが会場を火と血で覆われた世界に変えてしまうのではないか。出展者たちも“Witness me!”と拳を突き上げている。

いきもにあの前身は、2013年に開催された「生きものまーけっと」（通称：なまけっと）だ。デザインフェスタというアートイベントで、生きもの系の人たちが大量に抽選に漏れて嘆きあう事態になったとき「それならいっそ、自分たちで生きものをテーマにしたイベントをやるのはどうか」と、Twitterで木登りヤギさん（@kinoboriyagi）が発言したのがきっかけだった。第3章で書いた「なにわホネホネ団」の有志を中心に盛り上がり、開催に漕ぎつけた。

その流れを汲んで、今回のいきもにあは京都で開催されることになった。「なければ作る」「面白いほうに行く」の果敢で健全な精神が、どんどん新しい場所を生み出していく。今回の実行委員長は、切り紙作家のいわたまいこさん（@mycof）。今回は物販153ブース・展示8ブースの合計161ブースが出るというから、とんでもない規模だ。

開場後は、しばらく接客に追われる。わたしのブースの販売物は著書『ときめき昆虫学』、そして歴代の「昆虫大学」で作って販売してきたTシャツ・手ぬぐい・フィールドノートなどの公式グッズだ。前出のひよこまめさんにデザインしてもらった昆虫大学の校章をもとに作ったものだ。

昆虫大学は関西ではやったことがないし、「ハァ？　知らない」と思われるのでは……と心配していたが、Twitterを見て来てくれたお客さんも多くて安心する。自由に捺してもらえるようにした校章はんこを置き、デザインに惹かれてふらっとブースに立ち寄った人たちにも「こちらはアリとツノゼミの校章で、アリと共生関係を結ぶ好蟻性昆虫がモチーフです。いっぽう、こちらはガと植物の助け合いや騙し合いをテーマに……」と、校章を糸口にして昆虫大学の説明を聞かせたりした。

そういう話にも「ツノゼミ、大好きです！」とか「昆虫と植物にそんな共生関係が！」というリアクションを返してくれるお客さんが多い。話しているだけで「ああ、楽しいなあ……来てよかったなあ」と、うっとりしてしまう。京都大学でアフリカ地域の文化人類学を研究しているというお客さんには、「もうすぐ、ガーナに行くんですけど……」と、こちらからアフリカの質問攻めにしてしまった。

「よっす！」ブースに立ち寄ってくれたのは、サバクトビバッタ研究者の前野《まえの》ウルド浩太郎《こうたろう》氏(@otokomaeno175)だ。アフリカと日本を往復する研究生活をしている博士は、アフリカの黒い悪魔と恐れられるバッタに魅せられ、「自分もバッタに食べられたい」という名言を残したことでも有名だ。博士の胸につけられた講演者のネームプレートには「バッタ」とだけ自筆で書かれていて、簡潔すぎて説明になっていないのに異様な説得力にあふれている。

博士にブースの椅子に座ってもらい、客寄せパンダならぬ客寄せバッタにしていると「バッタ博士ですよね⁉　サインしてください！」と目ざといお客さんが寄ってくる。やはり、お客さんも濃い……。

「マンボウに実際についていた寄生虫を買えたんですよ！　嬉しい！」と、標本瓶を振って微笑む女性もいる。祭りに臨むにあたり、生きものグッズを身につけたお客さんも多い。マメコがおみやげにくれたマグロ柄のTシャツを着ていたわたしは、数十人に「それどこで売ってるんですか⁉」と訊かれ、申し訳なさに縮こまりながら「すみません……バイオリンムシ柄やテングビワハゴロモ柄のTシャツなら、隣のマメコ商会で売ってますんで……」と謝りつづけた。生きもの好きのグッズ欲が、マッドマックスばりに高まっていて怖い。

結局、ほかのブースをゆっくり見てまわれたのは、閉場し懇親会の開催を待つ間のことだった。なにわホネホネ団員・たぬケルさん（@Tanukel）の「かえるの骨　とりの骨」ブースには、鳥の頭骨レプリカや、奇妙に頭が張り出したツノガエルの骨などの展示品が並ぶ。名前から気になる「イワシ金属化」ブースの、精巧な魚介類の金属模型もすごい。型取りした「いりこ」が柄になっている錫の「いわしスプーン」も人気だ。わたしは小さめのスナガニとトラフカラッパを1匹ずつ買った。

カニの死体からパーツごとに型取りして整形して、という制作工程は、目で見て一から作るほうがよっぽど楽なのだそうだ。「でも、本物のカニから作ることで、完成品にその個体にしかない凄みが生まれるんですよね」というコメントに、クオリティの追求と生きものへの敬意を感じる。

URBAN SAFARIさん（@urbnsfr）のハシビロコウブローチに、あまのじゃくとへそまがりさん（@amaheso_sp）の革で作られたタコや日本住血吸虫ストラップも手に入れ、結果的に悔いのないレベルで散財してしまった。この手のイベントで何をどれだけ売ろうとも、それを超える勢いで散財してしまう。黒字という文字ははなから存在しないのである。

全日程の終了後、いわたまいこ実行委員長から、2日間で3400人の来場があったことがアナウンスされた。前回の生きものまーけっとの来場者が1300人超だから、一気に倍以上の規模になったわけだ。運営の苦労は並々ならぬものだろうが、無理のない範囲で続いていってほしい。

いきものにあと類似のイベントに「博物ふぇすてぃばる！」がある。こちらは生物学はもちろん、自然科学・天文・地学などの博物学全般をテーマにしていて、物販だけでなくトークや展示など、学術的な普及活動があるところも同じだ。東京の科学技術館で2014年、2015年2016年の3回開催されているが、いずれも4000人以上の来場者を数えている。この種の学術系の近縁に位置するイベントが数千人を集め、またその人気を支えるクリエイターや研究者などの発信者が大勢いることに驚く人も多いだろう。

ふだん虐げられがちな生きもの好きほど熱意をもって臨むからか、「日本住血吸虫のストラップ、欲しかったんだ～」などのコメントに代表されるように、ニッチな生きものやグッズほど喜ばれ、世間一般の嗜好とのねじれ現象が起きているのも楽しい。

ちなみに、いきもにあでの研究者講演の内容は、ダニの生物学、シャコのパンチの仕組み、極限環境にも耐える休眠の機構を持つクマムシ、カマキリに寄生するハリガネムシ、大害虫サバクトビバッタ……という豪華ラインナップだった。脊椎動物関係者からは「なぜ背骨のある動物がひとつもいないんだ……」という怨嗟の声もあったが……。


素人の分際で虫の本『ときめき昆虫学』を書いたり、昆虫のイベントをしたりしだしてから、「最近増えている〝虫ガール〟についてコメントしてほしい」という奇っ怪な依頼がたまに舞いこむようになった。

「本当に〝虫ガール〟とやらが増えているんですか？　コアな虫好きが増えているとはあまり思いません。〝〇〇ガール〟を流行らせることで得するメディアの人たちがいるだけだと思います」

「ライトな層の広がりについてはイベントなどで実感しますし、自分の本で、虫や虫に関わる人々の世界に興味を持ってくれる人がいたらすごく嬉しいですが……でも、イベントに来てくれる若い人たちは虫だけにのめりこんでるわけじゃなくて、単に好奇心旺盛な人たちですよ。先月は宇宙研究者の講演を聴きに行って、先週はきのこをテーマにしたクリエイターズマーケットに参加して、今週は苔の観察会……というような。ネットやＳＮＳの普及で、似た趣味嗜好の人たちとつながりやすくなって、情報もたくさん入ってきますから」

わたしとしては大真面目に答えているのだが、あまり歓迎されない。質問をした人たちはだいたい「うわ、面倒だな」という反応で、そのまま返信が絶えることもあった。「〝女性ならではの感性〟で虫を愛でる〝虫ガール〟が増えはじめた」という趣旨のストーリーを、わざわざバラして組み立てなおす必要も余裕もないのだろう。

でも、好奇心を満たしに行ける場所が豊富にあるというのは〝〇〇ガール〟が増えているかなんてことより、ずっと素敵な事態じゃないだろうか。そうは思いませんか？と問い返してみたい気もする。

虫に限ったことではない。出版記念イベント、美術展、作家さんの個展や映画など、イベント情報はスマホを通じて小魚のようにぴちぴちと躍り、キラキラと跳ねながら、手の中に入りこんでくる。イベントに主催者側で関わることもあるが、特に女性がひとりで来て楽しんでくれると、なんだかすごく嬉しくなる。自分も軽やかにあちこちをうろついて、いろんな好きなものの話をしたり、聞きたい。

本当に〝虫ガール〟――というか、趣味の虫の世界で起こっていることを知りたければ、あちこちのクリエイターズイベントやトークに行ってみるのもいいと思う。若い層を呼びこむ勢いと熱を持ったイベントが、たくさん開催されていることが分かるだろう。

「イベントって、本当に心が洗われるな～」会場でも打ち上げでもビール片手に何度もそう呟いて、「そういうメレ子さんは、次はいつ昆虫大学をやるんですか？　やるときは早めに言ってくださいよ！　いっつもギリギリなんだからッ！」と突っこまれがちだったのだが、さて、なんでこんなにも、生きもののイベントは心が洗われるのだろう。

たまにやる「お店やさんごっこ」が楽しいのは当たり前かもしれない。でも、やっぱり「好きを語ることが名刺代わりになる空間」だから、というのが大きいとわたしは思う。この章ではたくさんの人たちのハンドルネームが出てきたが、わたしは彼らの本名も住んでいるところも、ふだんは何をしている人なのかもほぼ知らない。

でも、なんの話をしているときに彼らの目が輝いていたかはよく覚えているし、それで十分だと思っている。地位や立場と関係なく、「いじられ役」のような生贄もいらないコミュニケーションの場所って、こんな世界ではかなり貴重なものだと思うのだ。

生きものを中心に回る人々の世界で、友達のような同志のような人たちとたくさん出会えた。その中には、自然科学との関わりを日常にすべく、お店を開く準備をはじめた人もいる。コミュニケーション方法から何からまったく違う異国で、今も頑張っている研究者の友達もいる。いろいろとままならない世の中だけど、好奇心を燃料にして意外と遠くまで行けるんだよ、と、言葉ではなく生き方で教えてくれる人たちだ。

わたしの原動力は最初に述べたように、逃避と移り気でできている。とても彼らのようにひとつのことに打ちこめないからこそ、憧れるし応援したいと思う。わたしは、遠くに行こうとする人には意外とあと押ししてくれる人がいるもんだよ、ということを身をもって示したい――と思いながら、実際には彼らに勇気づけられ、助けられてばかりだ。

〝虫ガール〟には格別なりたくないしなれる気もしないが、これからは好きな人たちの〝お助けマン〟になっていきたい。そんな風に思うとき、自分のためだけに生きるより、自分もまた、遠くに行けそうな気がしてくる。

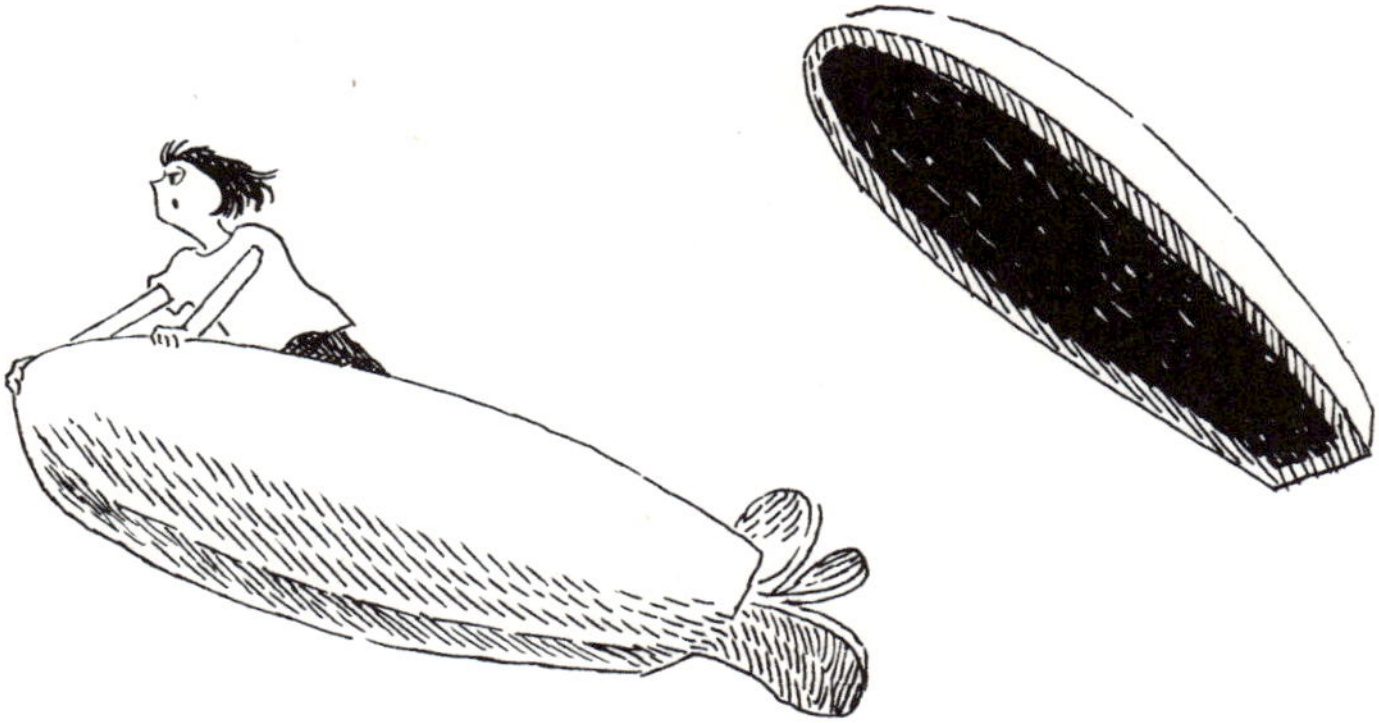

ガーナ棺桶紀行

ガーナ棺桶紀行（1）　大きなお守り

西アフリカ・ガーナで、自分のための特別な棺桶を作る。棺桶を部屋の真ん中に置いて、棺桶が目に入るたび、自分に残された日々のことを考える。その思いつき自体は、旅と死をテーマにした連載「メメントモリ・ジャーニー」をはじめた段階から、頭の中にあった。

ガーナの装飾棺桶については、世界の奇妙な風習として日本でも定期的にネットやテレビで話題に上るので、知っている人も多いだろう。

日本では簡素に葬られたいと望む人も増えているが、ガーナにおいては今も、お葬式はきわめて重要な社会的イベントだ。誰かが亡くなると、遺族はまず親族会議を開く。1〜2カ月にわたる準備期間をかけて（その間、故人の遺体は防腐処理を施され、病院の遺体保管庫に安置されている）、盛大な葬儀を行う。

ガーナの首都・アクラに近いテシという漁師町には、ガという民族集団が住んでいる。そこには数軒の棺桶工房があり、遺族の注文によって装飾棺桶が作られる。タバコや飛行機、魚や携帯電話、ライオンや映画の映写機を模った棺桶たち——そのモチーフは、故人の職業や好きだったものにちなんで決められる。漁師だったら、魚やエビの棺桶。農業を営んでいたら、カカオの実やキャッサバ（ガーナで穫れる細長いイモ）。職人は金づち……といった具合だ。

いくら装飾棺桶の歴史やガーナの葬送儀礼について書いても、わたしがガーナの棺桶を欲しがる理由が分からなければ、これを読む人の混乱は深まるばかりに違いない。これから少し、その理由を説明させてもらおうと思う。

と書いたが、理由などいらないのかもしれない。装飾棺桶には、説明不要の強烈なインパクトがある。死という人生最後のイベントを飾るものなのに、それをあえて膝カックンさせるような厳粛さのない佇まい。素敵だ。しかも、それを作っている人たちはあくまで大

わたしがみんぱくで見たエビの装飾棺桶（国立民族学博物館所蔵）

真面目なのもいい。わたしは文化人類学の研究者でも美術コレクターでもないが、数年前から、いつかはガーナの装飾棺桶をこの目で見に行きたいと思っていた。

西アフリカまで行くのに、見るだけでは物足りない。自らオーダーして、自分のものにしてしまえばいいのか。しかし、どこに置いておくんだ。トランクルームを何十年も借りるなんて、愚の骨頂だ。せっかく手に入れるのだから、いつでも眺められる場所に置いておきたい。そうだ、ちょうどマンションを探しているのだから、棺桶を置くことを前提にした部屋にしたらいいではないか。アフリカのポップな棺桶が真ん中にある部屋なんて、想像するだけで愉快だ――妄想は、いつしか冗談では済まないくらい具体的になっていった。

【妄想その1】

窓からの陽射しに、自然と目が覚める。ベッドから起き上がると、明るいリビングに置かれた棺桶が目に入る。こんな気持ちのいい朝でも、刻一刻と死に近づいているのだ。残された日々を、せいぜい愉快かつ快適に過ごさなければ。よし、と頷いて、颯爽とシャワーを浴びに行くわたし。このあと、オンライン英会話と筋トレをこなしてから朝食をとって出社するのだ。

【妄想その2】

古いマンションの一室を好きにリノベーションした部屋に、友人を招き入れる。リビングにお通しして、ソファに座ってもらう。「これがうわさの棺桶か〜!」ソファの前に、ふだんはローテーブルとして鎮座している棺桶。その上に、お茶とお茶菓子を並べる。夜になるまで、楽しい話は尽きない。

【妄想その3】

しめやかとは言いがたいお通夜。決して多人数ではないが、気心の知れた人たちが集まって、お寿司をつまみながら話している。「こんなに早く逝くなんてねぇ」「でも、本人もそれで納得しているんじゃないですか」「これが例の棺桶か。バカだな」「よくアフリカまで行って、こんなもの作ってきたよね」「これだけ好き勝手やれたんだから、本人も満足してるよね」

書いていて恥ずかしくて死にそうだが、つまりは旅に出たいという欲求と、新しい居場所となるべき部屋へのドリームに、ガーナの愉快な棺桶がアクロバティックに結びつき、棺桶を中心にした〝理想の人生〟の妄想が日に日に逞しく育っていったのだ。食虫植物のお花畑のような脳内世界で、棺桶はもはや嗜好品ではなく、必需品としての存在感を訴えはじめた(いや、必需品には違いないのかもしれないが……)。

この妄想は、自分が日々感じている不安の裏返しでもある。自分との約束が守れず、先延ばし癖が抜けなくていつも人に迷惑をかけていること。心を許せる人が少ないこと、コミュニケーションへの不安。寂しさそのものと同じくらい、寂しい人間だと人に思われるのが怖いという見栄もある。

2016年の4月で33歳になった。これから先、なんでもできると思えるほど若くはない。かといって何もしないには、残された年月はうんざりするほど長い。

消えてはまた浮かぶこの不安に立ち向かって自分の舵をとるために、手のこんだお守りが欲しかったのかもしれない。すごい存在感があって、それが目に入るたびに自分の理想と、そのために今すべきことを思い出させてくれるものだ。そういえばマンションを手に入れることにも、生活を整えるためのフックというお守り効果を感じている。マラソンに出るために、まず高いシューズやウェアを揃えて引っこみがつかない状態に自分を追いこむようなものか。

この本の中で、旅以上のものを求めて旅に出るスピリチュアルな人たちをさんざん罵倒した。それなのに、より馬鹿げたお守りを欲しているのだからまったく笑えない――と自嘲しても「家と棺桶を手に入れれば、何かが変わる」という期待は膨らむばかりだった。妄想が先行して物欲が暴走し、脳内に花びらが舞い散るこの状態を、わたしは「人生がときめく物欲の魔法」と呼んでいる。

お守りとは、ほどほどの対価――こみいった呪術を使うとか、高いお布施とか、格式のある遠方のお社に出向くとか――を払って手に入れることで、とりあえず今日起き上がる力を与えてくれるものだ。わたしが欲するこのお守りを手に入れるために必要なものを、ひとつずつ揃えていくことにした。

ガーナの棺桶を制作注文して、さらにその工程を取材したいとなると、現地に詳しいコーディネーターが必要だ。2年ほど前、ガーナの看板美術をモチーフにした美術展を見に行ったときに紹介してもらった女性を思い出した。

ここでは、彼女をショコラさんという愛称で呼ぶことにする。わたしと同い年で、青年海外協力隊（ＪＩＣＡボランティア）でガーナに長期滞在した経験があり、今は文化人類学とアフリカ民衆芸術を学ぶ大学院生でもある。Twitter で連絡してみると、コーディネートを快諾してもらえた。

また、亜紀書房の担当編集者の田中祥子《たなかさちこ》さん（以下

「サチコさん」）が「わたしも同行します！」と申し出てくれた。インドやチベット、中南米など、わたしよりよほど旅経験値が高い国をめぐっている彼女に来てもらえたら心強い。こうして、メレ子・ショコラ・サチコの女3人が、ガーナに渡ることになった。

わたしとサチコさんの渡航時期は、２０１５年12月19日〜29日の11日間。間にガーナのクリスマス休暇もあり、棺桶制作には延べ2週間程度はかかるため、ショコラさんは12月上旬から1月上旬にかけて現地入りし、工房の選定や交渉・調整をしてもらう。メレ子・サチコは現地で途中の工程から完成までを取材し、帰国時に棺桶を別送品（つまり、大きなおみやげ）として税関に申告すれば、輸送費用を抑えられそうだ。

費用といっても、そもそも全体でいくらかかるのか想像もつかない。7月に押さえた航空券は、エミレーツ航空のドバイ経由でひとり往復20万円くらい。ショコラさんは現地の知り合いの家に滞在できることになったが、わたしとサチコさんの泊まるホテルの宿泊費は、セキュリティを確保すると1泊ひとり８０００円くらい。棺桶の制作費は工房にもよるが、数万〜20万円くらいというところか。

いちばん見当がつかないのが、輸送費だ。航空会社の預け手荷物にできないケースに備え、仮に１００×１００×２００センチメートルの木箱に入れて貨物便で日本に送った場合の見積もりを日系の貿易会社に依頼したところ、３８９０ドル（約44万円／２０１５年12月のレートで換算）という回答に膝からくずおれた。

貿易会社に頼まず、通関手続などを現地の人を雇って自分たちでやればかなり節約できそうだが、まずは棺桶を小さめに作るなり分解するなり、とにかく預け手荷物にできるように工夫したい。「預け手荷物にしよう」は、いつしか我々3人の合い言葉になり、以後もわたしたちを悩ませ続けたのだった。

出版社に負担してもらえる経費も一部あるが、日系旅行社を介してテシの棺桶工房に通うための専属ドライバーを雇うお金やショコラさんの旅費・謝礼なども合わせると、ざっくり100万〜140万円くらい必要だ、という計算になった。大体覚悟してはいたし、冬のボーナスを投げ打ってやらあ、という気持ちもあったが、いざソロバンを弾いてみるとスッと真顔になれる金額だ。

知人に相談したところ、「それはもうクラウドファンディングしかない！」と言う。

「クラウドファンディングって、夢のある新製品を量産したいとか学校を作りたいとか、そういう公共性のあるやつなのでは……？『自分の棺桶を作りたいからお金ください』とか言ってる人、見たことないんですけど……」

「そこはちゃんと、楽しくカンパしたいと思ってもらえるようなリターンを用意しようよ。連載をまとめた本を送るとか、本に載せきれなかった写真をアウトテイク・フォトブックにするとか。F1みたいに、棺桶に広告を入れたい酔狂な人向けの高額プランも用意しよう。メレ子の生前葬のお香典を集めるんだよ！クラウドで！」

「ク、クラウドお香典……？」

リターンの設定やカード決済の導入に頭を悩ませ、お香典募集サイトを立ち上げたのは、ガーナに行く2週間前というギリギリのタイミングだった。Twitterを中心に宣伝すると、いろんな人たちが反応してくれて、最終的に120万円強のお香典が集まってしまった。個人的すぎるだけでなく、意味不明すぎて逆に応援したくなる企画だったこと、そしてやはり、装飾棺桶というオブジェクトの持つインパクトが良かったのかもしれない。

応援していただいたみなさんには、本当に感謝しているし、募集して良かったと思っている。一方で、入金額を確認するたび、わたしは感謝の気持ちを感じる以前に人からこんなふざけたことでお金をいただいているのが恐ろしく、目がギンギンに冴えて眠れなくなった。

小学生のときに観たテレビ番組を思い出す。抽選で選ばれた一般人の望みをテレビ局が叶えてくれるという番組で、「プリンの海で泳ぎたい」という少年が出てきた。巨大な仮設プールをしつらえ、近所の人を総動員してプリンを作らせるテレビ局。少年の顔は、だんだん曇っていった。

海パンを穿き、ゴーグルをつけて飛びこみ台に上がった少年は、ついにプールに飛びこむことができず「みなさんがこんなに頑張って作ってくれたプリンを無駄にすることはできません」と言った。みんながなごやかにプリンを食べているところを映して、番組は終わった。

今思えば、構成がやらしいなあ、という気がする。庭に置いたビニールプールならともかく、衆人環視の中であの巨大プリンに飛びこむのは常人の神経では無理だ。最後のプリンパーティは美しいが、前もって描かれた美しい絵である。

おおいに話がそれた。少年とわたしの置かれた状況は、全然違う。むしろ、大人になっても「プリンの海」以上に言語道断なおねだりをしている自分の神経を疑うべきなのだ。

しかし、「軽はずみに言い出したことが、何やら大変な騒ぎになった」という少年の焦りと、目の前に広がるプリンの海を眺めたときの圧倒的な申し訳なさは、ものすごく身に染みて分かる気がする。

いろんなことが重なってあまりに忙しく、ガーナの予習もほぼできないまま、12月に入りつつあった。「隣国のトーゴやベナンにもちょっとだけ行きたい。ヴードゥー教の踊る神格や、呪物を売るというマーケットを見たい。さらに欲を言えば、人を殺せるような強力な呪力を持った呪術人形を買いたい」とうわごとを言いながら、ビザを取りに行く暇もないわたしを見かねて、サチコさんが代わりに大使館に行ってくれた。

ギニアでのエボラ出血熱の流行が終息に向かっていると聞いて安心したり、マラリア蚊に備えて強力そうな虫よけを買ったりもした。ガーナに入国する際には黄熱予防接種証明書（イエローカード）の提示が必要なので、ワクチンを11月に接種した。

先にガーナ入りしたショコラさんから数日連絡がなく、心配していると「工房を下見してきました！」と写真が送られてきた。現地で世話してもらった部屋が荒れていて、住めるようになるまで時間がかかったり、停電が続いたりでてんやわんやだったという。やはりアフリカ、一筋縄ではいかないようだ。

テシの町の棺桶工房を下見してきたショコラさんは、メールの中でふたつの工房を候補として挙げてくれた。まず、Nii《ニー》さんが経営する「ニー・ファンタスティック・スカルプチャー」。

想像を超える悪夢的な作品群は、たしかな技術力を感じさせる。海外からの注文を多く受けていて、実際に人が入るタイプの棺桶とは別に、装飾性の強いオブジェとしての棺桶も作れるという。最後には埋めてしまう棺桶より一段上の、展示にも堪える耐久性を持たせて制作しているそうだ。

海外からの注文を多く受けているということは、欧米並みの納期管理にも応えられるということでもある。コーディネートする立場のショコラさんのメールからも、ややこの工房を推したいという熱意が感じられる。気になるお値段は、2500ドルだそうだ。

対立候補は、CD《シーディー》さんの「カネ・クウェイ・コフィンズ」である。工房の手前に飾られたトラの棺桶の顔つきから、すでにゆるさが漂ってくる。「どちらかというと現地埋葬向けで、すぐ埋めてしまうため装飾や塗装が簡易」とあり、価格もぐっと下がって830ドルだ。

工房の親父さんことCDさんは、実ははじめて装飾棺桶を作った大工であるカネ・クウェイの息子でもある。しかし、すぐに携帯電話片手にどこかに行ってしまうそうで、工房には若干の「アフリカ時間」が流れているようだ。日本への輸送や、その後も長い時間飾られる用途であること、何より帰国時にいっしょに持って帰りたいことを考えると、ショコラさんがNiiさ

1

3

2

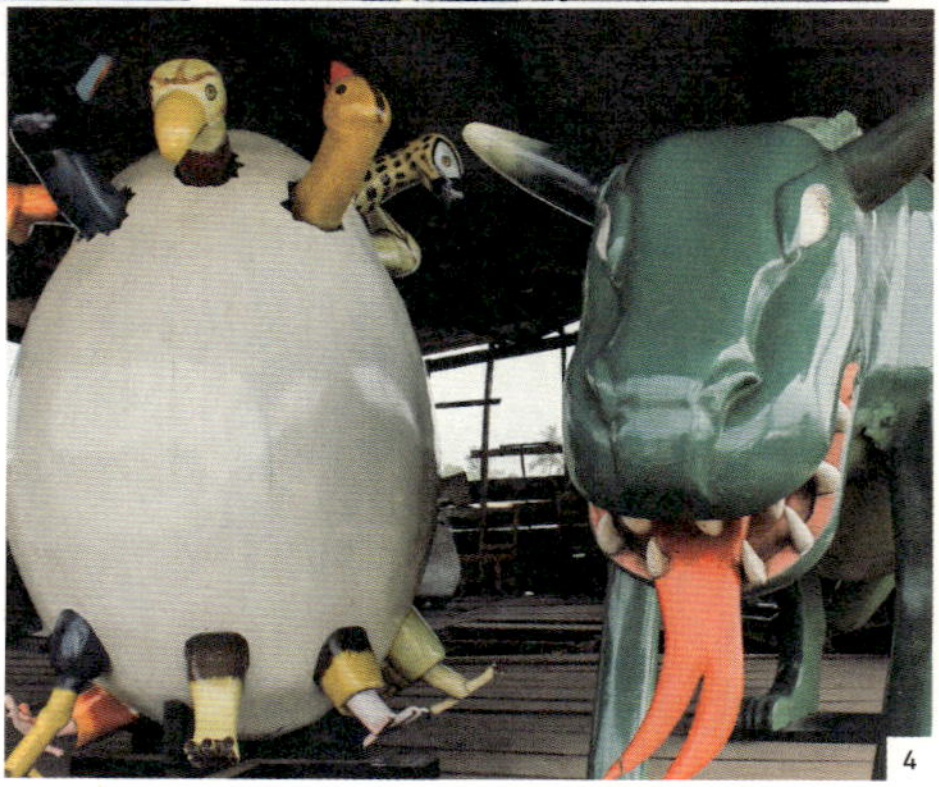

4

1 2 3 4 ニー・ファンタスティック・スカルプチャーの悪夢のような作品群たち（撮影：ショコラさん）

似たり寄ったりな制作状況の棺桶たち（奥がわたしの棺桶）

んを推すのは当然である。

ガーナの装飾棺桶で国際的に有名なのは、右の2工房のどちらでもなく、カネ・クウェイの弟子のひとりだったパー・ジョーという名工の作品である。国立民族学博物館の装飾棺桶コレクションも、みなパー・ジョーの工房のものだという。それだけ頭ひとつ抜きん出たクオリティと、海外向けのネットワークを持っている。

パー・ジョーの工房もぜひ訪ねてみたいと思っていたが、隣州のNsawan《ヌサワン》という場所に移転してしまったとのことで、訪問は叶いそうになかった。ただ、腕がいいだけあって、彼の作品は5000～8000ドルという高額になるという。いっそあきらめのつきやすいお値段だ。ちなみに、パー・ジョーの作品はInstagramでも見ることができる（https://www.instagram.com/paajoecoffins/）。

ショコラさんのメールを受け取ったとき、わたしはちょうど「いきもにあ」のために京都にいた。飲み会で友人たちに写真を見せて「やっぱりコレって、Niiさんの工房に頼むべきかな?」と訊いてみると「いや、これはCDさんだろう。CDさん一択だろう」という答えが返ってきた。

「きれいな棺桶が欲しいなら、日本で注文すればいいでしょ。美術品を買いに行くんじゃなくて、自分が入る棺桶をわざわざガーナまで注文しに行くんだから、ガーナ人のローカルな感覚に近い工房のほうがいいじゃん」

言われてみればその通りだ。ショコラさんに「いろいろ不安かもしれないが、こういう理由でCDさんのところにお願いしてみたい」と伝えると「なるほど、よく分かりました！　実際に棺桶を作るのはCDさんの息子のアジェテイなので、なかなかしっかりしている彼と仲良くなって、きちんと工程管理してもらいます。棺桶工房の裏には一家が住むコンパウンドがあり、アットホームな雰囲気です。きっと気に入ると思います」と、頼もしい返事がきた。

いよいよ日本を発つ直前「今、工房ではメレ子さんの注文された棺桶と、あとはキャッサバとカカオの実の棺桶を作ってます」と写真が送られてきたが、どれが自分の棺桶か分からないくらい似たり寄ったりな状況で、ちょっと不安になった。果たして、滞在中に棺桶は完成するのか。さらに、日本に無事に持ち帰れるのだろうか。

悩みに悩んだ末に選んだ棺桶のモチーフ、そして想像以上にアットホームだった棺桶工房の制作風景については、このあと詳しくお伝えしていく。

ガーナ棺桶紀行（2）　ポテトチップス・コフィン

わたしは4人姉妹の3女として生を享けたが、長女と次女がひとつ違いで生まれたあと、8年の空白を経てメレ山家に現れた小さき者だったので、たいへん愛された。特にわたしに懐かれたいと望んだのが、同居していた父方の祖母だった。

小学校が終わると、図書館で借りた本を持って祖母の部屋に入りこみ、窓際に置かれた昭和っぽい白いカバーシーツがかかったソファに座った。そうすると、祖母が棚からおやつを出してくる。わたしはとりわけ、今も昔も変わらない味・カルビーのポテトチップスうすしお味に耽溺していた。

子育てに責任のない祖父母が孫をベタベタに甘やかす様に親が目くじらを立てるというのはよくある話だが、わたしの家のそれはだいぶ苛烈だった。わたしは幼稚園に上がる前から、先取りして小学生向けの学習ドリルを何冊も解かされていた。勉強の時間になると、母が探しにやって来る。その際にお菓子を与えられているのが見つかるとゲンコツで怒られるのが分かっているので、本で視覚を、ポテチで味覚を満たしながらも、いつでも母の気配を察知できるように聴覚を研ぎ澄ませておく必要があった。

今思えば、母がキレるのも無理はない。祖母は孫をもので釣るという教育上よろしくない行為ばかりでなく、下の妹も差し置いて、孫の中でわたしをあからさまにえこひいきした。それは自身も男3人きょうだいの下で育ち、ひとつ低い扱いを受けたという話を今も悔しそうにする母の逆鱗にヤスリをかけるようなものだ。子供にはいささか酷なロードワークのような勉強量も、その辺の男に負けないように育て上げんという母の執念だった。

そういうややこしい家族関係のもと、中学生になるころには祖母とも距離を置くようになっていたが、味覚の育つ幼少期に与えられたポテトチップスへの嗜好は変わらなかった。むしろ、禁じられるほどますますおいしくなるカリギュラ効果も働いていたと思う。

今も週に一度は食べてしまうし、海外旅行から帰ってきたときなどは、カルビーポテトチップスうすしお味のあの塩分と油分がむしょうに恋しい。空港からの帰りにコンビニでポテチを買って、家のベッドの上でお行儀悪く袋を破る瞬間、これがあってこその旅行だとも言えるのである。

なんでこんな幼少期の話をしたかというと、わたしがガーナでオーダーした棺桶のモチーフについて説明するためだ。

すでに書いたとおり、ガーナの装飾棺桶のモチーフは基本的に、故人が生前商っていたものや好きだったもの、憧れの対象などが選ばれることが多い。装飾棺桶を作りはじめた大工カネ・クウェイの祖母は、飛行機に乗ることを夢見つつも果たせず亡くなり、飛行機の形をした棺桶に入ったという。装飾棺桶に海産物モチーフが多いのは、棺桶工房のあるテシが漁師町だからだ。

いわば、故人の人生のテーマを棺桶で表すわけだ。

しかし、わたしは何を棺桶にすれば良いのだろう。ガーナに行く前、数カ月にわたってわたしは悩んだ。本業でも文筆でも向き合っている時間がいちばん長いのはパソコンだが、電化製品への愛は薄い。死んでまでパソコンに入りたくない。

30年生きてきて「わたしの人生はコレです!」と言えるもののとっかかりすら見当たらないのは、どこか情けない気がする。「去年今年《こぞことし》貫く棒の如きもの」は高浜虚子の俳句だが、棒の如きものがとんと見当たらない。そもそもそんなものがあれば、「棺桶を手に入れたら人生がときめく気がする」などと言い出す迷走人生を送っていないだろう。創造的でなくて消費者的、物質的というか……。

ある日、ポテトチップスをつまみながら「『マッドマックス 怒りのデス・ロード』のフュリオサみたいな、他人を守れる強靭でしなやかな肉体になりたいんだよね」とほざいていたときのことである。それを聞いていた友人が、重々しく言った。

「それならまず、この男と手を切りなさい」

友人が指差したのは、カルビーのポテトチップスの袋に描かれた、じゃがいもに目鼻と手足がついた懐かしいタッチのキャラクター（通称：ポテト坊や）だ。わたしは「そんな生木を裂くようなひどいことを言うものではない、お前には人の心がないのかッ」と言い返したが、その指摘あればこそ、近すぎて意識できなかった青い鳥に気づいたのである。（いい思い出かどうかはともかく）子供のころから今まで好きな気持ちが変わらないもの、そういえばあったわ。

健康や年齢を考えると、そうそう心のおもむくままに食べるわけにもいかない。しかし、今後も上手に付き合っていくためにもポテチの棺桶というのはいいのではないか。「さすがにこればっかり食べてると死ぬよ」という、自分への警句にもなる。

何より、モチーフとして最高にバカバカしいのがいい。カルビーの創業者の棺桶がポテチだったらバカバカしくなくて立派だが、ポテトチップス好きな市井の会社員がポテトチップスを好きなだけで作ったポテチの棺桶には、まったく意味がない。意味のない人生には、意味のない棺桶がお似合いだ。

ガーナで過ごした10日間は、基本的に毎日ホテルから棺桶工房に通い、棺桶作りの進捗を見守りながら空いた時間で観光や買い物に出る日々だった。ここからは、日記形式で棺桶工房での日々を振り返っていく。

12／20（日）滞在1日目

わたしは飛行機の窓に張りついて、眼下に広がる砂漠を眺めた。19日の夜に成田空港を発って、ドバイまで12時間。さらに、ガーナの首都・アクラまで8時間半。アクラに着くのは、ちょうど正午の予定だ。青空に流れるうろこ雲が、赤茶色の大地に無数の影を落としている。隣りのサチコさんは少しでも寝ておこうとしているようだが、わたしは機内で映画を観すぎたせいか、緊張のためか目が冴えて仕方ない。棺桶は、ちゃんと持って帰れるのだろうか……。

アクラのコトカ国際空港では、なかなか荷物が出てこなくて気を揉んだ。建物の外では、ショコラさんが笑顔で待っていてくれた。送迎車でホテルに向かう。

ガーナでの滞在先は、アクラ市内のOsu《オス》という大通りの裏にあるRoots Hotel Apartment。オス・ストリートは東京でいうと表参道のような華やかな場所らしく、ショッピングセンター・電器店・飲食店や土産ものを売る店もあってなかなか便利そうだ。

ホテルの部屋は、とてもきれいで快適だ。Wi-Fiも、おおむね問題なくつながる。荷物を下ろして休んでいると、通訳のエリックという青年が打ち合わせにやってきた。滞在中、2泊3日で隣国のトーゴとベナンに行くので、英語とフランス語を話せる通訳を手配したのである（ガーナの公用語は英語だが、トーゴとベナンはフランス語だ）。ヴードゥー教の神格や精霊にまつわる行事、呪物を売るマーケットを見たいというリクエストに対し、「僕の友人が関係者なので大丈夫だ」と請け合うエリック。

エリックが帰っていったあと、トーゴとベナンには同行しないショコラさんは「マシンガントークするタイプじゃなくて良かったですね！　人の話を聞かないガイドも多いので……」と、安心した様子だ。後日、エリックはマシンガントークこそしないものの、人の話も聞かないタイプであることが発覚したのだが、このときはそれを知る由もなかった。

夜は、ショコラさんについて音楽フェスに行く。フェスの会場はジェームスタウンという、海沿いの小さな町だ。広場にステージが作られ、ケバブなどの屋台も出ているが、思ったよりテンションが低い。ショコラさんによれば「プログラムは夕方の4時からスタートしているんですけど、停電で音響機器が使えなくて、進行が遅れまくっているみたいです……」とのことである。

ほぼ暗闇の中、手探りでケバブやチキンを食べた。

ショコラさんのガーナ人のお友達を紹介してもらう。ショコラさんが棺桶制作のコーディネートのために戻ってきたことはみんな知っていて、「あの棺桶の……」と言いかけただけで、みんな「ああ、棺桶の人!」と爆笑する。すでに日本でもいろんな人を困惑させた棺桶プロジェクトだが、ここガーナでも似たり寄ったりの反応のようだ。

フェスはまだまだ続くようだったが、疲労の限界だったのでサチコさんとタクシーでホテルに戻る。町のあちこちや隣の部屋からダンサブルな音楽が鳴り響いていたが、ベッドに潜りこんだ瞬間に眠ってしまった。

12/21（月）滞在2日目

ニワトリのけたたましい鳴き声で目覚める。

経済発展目覚ましいガーナだが、近代的なホテルの裏には簡素な平屋が並んでいた。庭で忙しく立ち働く女の人や駆けまわる子供たちが見える。空はぼんやりと明るい薄曇りだ。これからの季節はハマターンという季節風が近づき、大気の中にサハラ砂漠の砂が混じって青空を遠ざけてしまうという。

ホテルでの朝食後、ショコラさんがドライバーのアルバートさんといっしょにお迎えに来てくれた。いよいよ、棺桶制作中の工房に向かうのである。

棺桶工房のあるテシの町は、アクラ市街から車で30分ほどだ。漁師町と聞いていたが、道の両隣には家具屋や電器店が並び、頭に籠を載せた物売りが行きかって、想像よりずっと賑やかな町並みだ。車は、その中の一軒の軒先に滑りこんで停まった。

「え、ここなんですか?」と、思わず確認してしまう。思いっきりメインストリートに面した埃っぽい場所だ。こんなところに棺桶が剝き出しで並んでいるとは思っていなかった。とても高価な棺桶だし、大事なお葬式

1 カネ・クウェイ・コフィンズ。魚の看板が目印　2 キャッサバの棺桶

3

4

3 カカオの実の棺桶と、コーディネーターのショコラさん
4 ポテト・コフィンと対面したメレ山

に使うものなのに……。

　これを書いている今となっては、何度も通い、すっかり馴染み深い場所となったカネ・クウェイ工房の全容を、詳しく説明してみよう。

　整備不良ぎみの車やトラックがビュンビュン行きかうテシのメインストリートを前にして、車が2、3台入る駐車スペースがある。魚の形の看板を掲げた納屋のような建物の中には、ゆるい顔つきのヒョウや魚の棺桶が所狭しと並んでいる。陽射しが入る場所に置かれた棺桶は、土埃にまみれ色あせているが、あくまで見本扱いで誰も気にしていないようだ。滞在中は、制作風景を眺めながら棺桶の横にイスを引っ張ってきて涼んだり、ギター型の棺桶に腰かけたりしてくつろいだものだ。

　職人たちの作業スペースは、その奥の一段低いところにある。左右に物置があり、壁際に置かれたラジカセからいつも陽気な音楽が爆音で流れている。

　わたしたちが訪れたときに彼らが作業をしていたのは、おもに3つの棺桶だ。キャッサバの棺桶、カカオの実の棺桶、そして、わたしのオーダーしたポテトチップスの棺桶——通称「ポテト・コフィン」である。

　作業スペースの奥には広い中庭があり、そのまわりをぐるりと長屋が囲んでいる。生活用水は、庭に置かれた巨大な貯水タンクで賄っているようだ。長屋には複数の家族や住みこみの職人たちが暮らしているようで、常に小さい子供たちの姿がある。工房を経営するCDさんや惣領息子のアジェテイは、よそから通っているようだった。

　中庭の隅の木陰では、CDさんの奥さんが近所の女たちを集めて采配を振るい、魚のフライやケンケ（トウモロコシの粉を捏ねて作るガーナの常食）を作らせている。これらは、表通りの屋台で売られている。さらに、2頭の痩せたヤギを筆頭に、ニワトリ数羽とヒヨコたち、無数の猫、年老いた中型犬がいる。

　わたしは生活のにおいが濃く感じられるこの工房の雑多さがひと目で気に入り、「ここにお願いしてよかった！」と強く思ったのだった。

すでに工房に足繁く通っているショコラさんが、工房の職人たちを紹介してくれた。

まず、わたしの棺桶を担当している若旦那・アジェテイ。まだ20代だが、棟梁の風格がある。いつも携帯電話で誰かと話しながらどこかに行ってしまい、なかなかつかまらないCDさんよりも、口数が少なくて仕事ぶりがしっかりしているアジェテイと仲良くなっておくのが工程管理のカギだ！　と、ショコラさんは考えているようだ。

長身でドレッドヘアの青年は、「スキンボーン（骨と皮）」というあまりありがたくないあだ名で呼ばれている。たしかにスリムだが、そこまでやせ細っているわけではないのに……。作業中はだいたい上半身裸で、腰で穿いたジーンズから鮮やかなトランクスがはみ出している。たまに、ラジカセから流れてくる音楽に合わせてステップを踏んでいるのを目撃した。

小柄でひょうきんな青年・スティーブンは、ガーナ北部の出身らしい。絵が得意で、誇らしげに見せてくれた画帳には見事な女性や虫の絵が描かれていた。ニコラスという年下の可愛らしい少年と仲が良く、いつもいっしょにキャッキャしている。

ほかにも遠方出身でクリスマス休暇のために帰省している子や、出入りのペインター・彫刻家がいるらしい。しかし、給料を貰える職人は一部で、あとは技術を身につけるため無給で長屋に住みこんでいる職人見習いだという。なかなか厳しい世界だ。

わたしが事前に送った資料写真と棺桶のラフスケッチが、作業スペースの片隅の工具入れに貼られている。最初はカルビーのポテトチップスのキャラクター「ポテト坊や」の棺桶を作りたくて、サチコさんと画策し、キャラクターをデザインした原《はら》田《だ》治《おさむ》さんのトークイベントに突撃してお手紙を渡したり、企画書を書いてカルビー株式会社に送ったりしたが、最終的に公式に許可

1

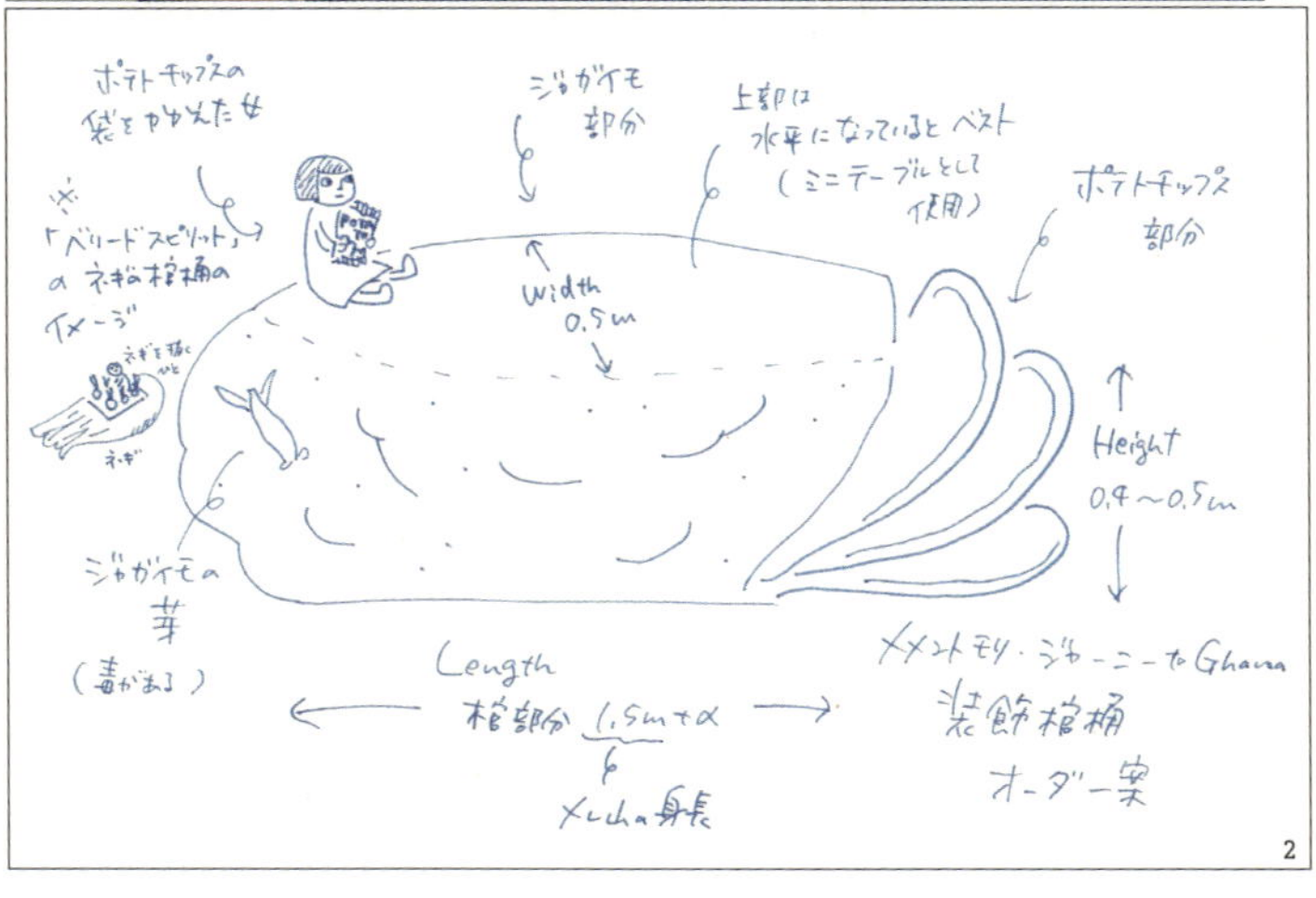

2

1 ポテトチップス・コフィンを作るための資料　**2** ポテトチップス・コフィンのラフスケッチ。描いていて楽しかった

3

4

3 木を激しく継ぎはぎしてある棺桶　4 棺桶にもぐりこむスティーブン

をもらうのは難しいという結論になった。わたしがカルビーの社員で「個人の棺桶のモチーフに、御社のイメージキャラクターを使用したいのですが……」と問い合わせが来たら、本当に困ると思う。誠意をもって検討してくださった関係者の方々には感謝している。

では特定の会社のイメージでなければいいだろうと、一般名詞としてのポテトチップス棺桶を作ることにした。

ポテトチップスそのものを棺桶にするのは難しそうなので、ベースはじゃがいもの形にし、端にスライスを入れて表現することにした。生きている間はローテーブルとして使いたいので、じゃがいもの上もカットして平らにする。さらに、その上にポテトチップスの袋を持ったメレ子人形をつけてもらうことにした。『ベリードスピリット　死を飾るガーナの棺』（ティエリー・セクレタン 写真・文、都築響一 訳／アスペクト）という装飾棺桶の写真集に載っていた、ネギの棺桶から思いついたものだ。巨大なネギ棺のフタに小窓のように外れる部分があり、そこには何本かの小さなネギと、ネギを抜こうとしている女性の人形がついていた。それが最高にかわいくて、絶対真似しようと思ったのである。

それにしても、1週間後には完成したポテト・コフィンを携えて日本に帰ることを考えると、この現状はあまりにラフな気がする。大丈夫なのだろうか、と思いつつも、棺桶の制作過程の写真はネットや写真集では見られなかったので、興味深く凝視する。

木の板をガンガンと釘で打ち付けはぎ合わせ、継ぎ目にボンドを注入し、乾いたら釘を抜く。基本的には、その繰り返しらしい。見る限り、我々が渡した仕上がりイメージやラフスケッチ以外には図面的なものは存在しないようだ。

「棺桶のフタってどんな風にする?」アジェテイが尋ねてきた。木のカプセル状になっている棺桶に対して、地面と水平に上下に2分割してほしいと伝える――実際には、現地の訛りの強い英語（ピジン・イングリッシュ）

にはただでさえ英語が下手なわたしは太刀打ちできず、ショコラさんに通訳してもらっているのだが——と、頷くアジェテイ。棺桶のまわりに鉛筆で薄く線を引いただけで、チェーンソーを持ち出して来て難なく棺桶を真っ二つにした。

"He, he!"とはしゃぎながら、すかさず棺桶の中に入って遊ぶスティーブン。自分では22歳だと主張していたが、仕草の幼さはどう見ても中学生のそれだ。

中は木屑まみれだったが、わたしも入ってみたくなった。棺桶を見たときから薄々予想していたが、身長152センチメートルのわたしでも膝を曲げないと入れないことがはっきりした。輸送費を抑えるために、とにかく小さめに作ってもらうようにお願いしたら、小さくなりすぎたらしい。まあ、遺言で屈葬でもなんでもしてもらえばいいか。

フタを閉めてもらうと、ガーナの木のにおいと闇に包まれた。スティーブンやサチコさんの笑い声が、くぐもって聞こえてくる。意味のない人生に、意味のない棺桶を。

祖母の部屋に隠れてポテトチップスを食べていた二十数年前のわたしに、「お前は将来、血迷って西アフリカでポテトチップスを模った棺桶を作ることになるよ」と言ったら、どんな顔をするだろう。「そうか、そんなに遠くに行くのか」と、喜んでくれたらいいのだけれど。

ガーナ棺桶紀行（3）　フェスティバル・オブ・リビング・シングス

12／22（火）　滞在3日目

ガーナに来て2回目の朝を迎えた。わたしとサチコさんの部屋はホテルの6階にあり、大通りの裏手にある庶民的な家や庭を見渡すことができる。ヒヨコを引き連れて餌を探すニワトリ、鮮やかな色の洗濯物、盥《たらい》でシアバターを練る女性。街のあちこちから、陽気なメロディが爆音で響いてくる。この国では、ノリノリのダンス・ミュージックから逃れて暮らすことは至難の業らしい。騒音への苦情とか、出ないのだろうか……。

工房に行くと、前日は板切れの寄せ集めにすぎなかった棺桶がすっかり丸っこく、ポテトらしくなっていた。昨日わたしたちが帰ったあと、木の上にパテを盛ったらしい。アジェティイが、ひと晩かけて乾いたパテを紙やすりで削っている。吹き出た粉で手が真っ白だ。

その横では、スティーブンがキャッサバの棺桶を作っていた。細長い芋の先端部分を木で作るのは難しそうだが、三角に切った木の板を釘でつなげながらどんどん立体に仕上げていく。形を整えるため、板を万力で固定して鉋《かんな》を当てているが、その万力が固定された作業台も長年の酷使に耐えかねてぐらぐらしている。丸い芋も細長い芋も、こんなアナログな道具だけで作り上げてしまうのか。

しばらく見学したあと、わたしたちはアクラの街中にあるエミレーツ航空のオフィスに向かった。帰国時、棺桶を預け手荷物にできるか、それとも貨物便を使わなければいけないかは、予算に大きく影響する問題だ。

エミレーツオフィスは、ホテルやショッピングモールの入った高層ビル内にあった。ホテルのあるOsu《オス》のストリートがガーナの表参道なら、この界隈は丸の内か西新宿だ。ショコラさんが「巨大な木工品を日本に運びたいのだけど……」と相談を持ちかけると（「棺桶」という言

丸みをつけた棺桶にやすりをかけるアジェテイ。棺桶の底にあたる部分に台座がついている

葉を使うと、死体を運ぶと思われて話がこじれかねないので「木工品」と呼んでいる）、窓口のおじさんは「縦、横、高さ3辺の合計がひとつあたり300センチメートルまでなら、重量に応じて超過料金を払えば預け手荷物にできるよ」と答える。ここまでは、サチコさんがエミレーツのサイトで事前に調べてくれた情報と同じだ。

しかし、サイトには註釈として「ひとつあたり32キログラム以上の荷物のドバイ国際空港への持ち込み／持ち出し／空港通過は、ドバイ民間航空局によって禁じられています」とも書いてあった。「帰国便はドバイ経由なんだけど、それは問題ないの？」とさらにショコラさんが尋ねると、おじさんは英語版のサイトを見て「うん、じゃあ32キログラム以上はダメってことで」と言った。

なんだか頼りにならないが、おじさんを信じるしかない。荷物ひとつあたりの体積と重量を、これらの基準以下に抑える努力をしよう。

「棺桶、フタと土台に2分割してもらったから、別々に梱包すれば大丈夫かもしれませんね！」

「でも、重量が分からないとちょっと不安ですね」

「あの工房、秤なんて置いてなさそうだし」

「工房の隣の電器店に売ってないかな？　使ったあとは、工房に寄贈するとして……」

慣れないことで、どうにも手探りの状況だ。エミレーツの貨物輸送サービスであるエミレーツスカイカーゴで、ショコラさんに貨物スペースを予約してもらっているので、最悪でも持ち帰れないということはなさそうだが……。


オフィスを出た我々は、おみやげを買うために市場に行くことにした。すぐ近くに、マコラ・マーケットという大きな市場がある。運転手のアルバートさんの先導で埃っぽい車道脇を歩いていくと、やがて屋台がたくさん並んでいる場所に出た。

ショコラさんが、たくさんの洋服の写真が載ったカタログ・ポスターを選んでいる。

ガーナの人たち、特に女の人のお洒落さには毎日見とれるばかりだ。日本人の体格だと迫力負けしてしまいそうな派手な色柄の布が、浅黒い肌を引き立てている。仕立てのドレスはぴったりと体のラインに沿い、スレンダーな若い女性も恰幅のいいおばちゃんも、それぞれすごく素敵に見える。なるほど、あのドレスはこういうカタログ・ポスターで型を選んで注文するのか。

ドレスだけでなく、きっちりと編みこまれたヘアスタイルも、節水のための工夫でもある（毎日シャンプーで洗わなくてもよい）のだが、これまたかっこいい。大ぶりのアクセサリーを付けたしなやかな首に、髪をまとめた形のいい頭が載っている。長い睫毛、子供のように黒目と白目の境がはっきりした大きな目、肉厚な唇。蘭の花が歩いているみたいだ。市場で商いをする女の人たちには特に、気合いや凄みが感じられる。

男性は、そこまでパリッとした人の割合は高くない。大方は古着らしいポロシャツやサッカーのユニフォームを着ている。とはいえ、Tシャツとパンツで歩いているわたしがどうこう言える筋合いはない。きっと工房でも「金持ってるのにだらしない服装だなあ」と思われているのだろう。

クリスマス直前ということもあって、マコラ・マーケットは人と車にあふれて殺気立っている。あちこちにカメラを向けていると、おかみさんたちにすごい剣幕で怒られた。「何か買う前から撮るとはどういう了見だコラッ」てな具合だ。

ショコラさんが、トウモロコシの粉のジュースを買ってくれた。ビニール袋に入った甘い液体をストローで吸いながら、人波の中でアルバートさんのうしろ頭を追いかけていく。

お目当ての布市場に来た。巨大な倉庫の中に、見渡す限りカラフルな布が積まれている。まごまごしていると、またおばちゃんに怒鳴られ、肩をつかんで押しのけられる。一方で、クイクイと袖を引かれて焦って振り返ると別のおばちゃんが「あなたのTシャツ、いいわね。お魚の柄なのね」と話しかけてきたりして、気が安まらない。布の迷路の中で、じっとり汗が流れる。「この中で選ぶのなんて無理……」というあきらめと、「ここまで来たのだから絶対に何か買わなければ」という意地が交錯する。

ガーナでドレス一式を仕立てるのに必要な布は、6ヤード（約5・5メートル）が基本だ。サチコさんショコラさんと相談し、ツバメ柄の布などを3ヤードずつにカットしてもらって購入した。後日、この布でクッションを作って、ガーナ行きを応援してくれた人たちへのおみやげにした。

マコラ・マーケットに行きたいと言ったとき、アルバートさんが微妙な顔をしたわけだ。マーケットでのお買い物って、むちゃくちゃ疲れるわ——と思いながら、また人混みの中を戻る。ヨーロッパから流れてきた古着を売るファッション・ビルもあり、各階にマネキンが並んで

1

3

2

1 塀にびっしり貼られたガーナのカタログ・ポスター。派手な柄のドレスをオーダーしてみたい
2 3 4 マコラ・マーケットの布市場。2、3メートルの高さに積まれた布の山がどこまでも続く

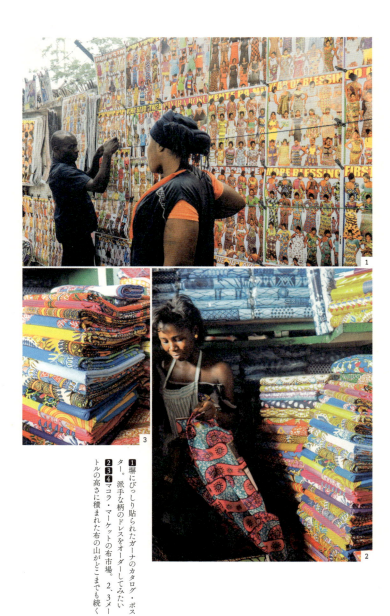

4

5

5 工房の職人のみんなと

いて壮観だ。これらの古着に押されて、また人件費の高騰もあって、昔ながらのオーダードレスの市場は縮小しつつあるという。蘭を思わせる女性たちのファッションも、今後変わっていくのかもしれない。

「暑かったですねー！」と言って、ショコラさんが車の窓からアイス売りを呼んだ。日本で売られているような棒アイスではなく、ビニール包装に充填したアイスをそのまま凍らせてある。袋のはじを噛み切ってちびちび食べると、なかなかおいしい。

この「車からの買い食い」、慣れるとすごく便利だ。路上には様々な商品の籠を頭に載せた物売りがいる。水、揚げドーナツ、プランテーン（料理用バナナ）のチップス、ショウガのジュース、カットしたパイナップル、サングラス等々。経済発展に道路事情が追いつかず、朝夕のラッシュがひどいガーナ都市圏では、車に乗ったままお買い物を済ませてしまうのが合理的なのだ。

アイスをかじりながら工房に戻ると、カカオと呼ばれている職人が棺桶にスプレーをかけていた。ベースの色がきれいに乗るように、白ペンキをスプレーしている。

わたしはホテルから差し入れを持ってきていたことを思い出し、若旦那のアジェティに「これ、みんなでシェアして」と言って袋を渡した。中には、以前イベントで作った特製手ぬぐいと、日本の煙草のカートンが入っている。

ショコラさんが、職人のみんなと記念写真を撮ってくれた。お調子者のスキンボーンが、すかさずサチコさんのうしろからチュッチュッとキスするマネをして「サチコ、結婚しよう」と語りかけ、みんなを笑わせた。

ホテルに戻り、夜はサチコさんと近くの中華料理屋に行く。

12／23（水）滞在4日目

この日は、ショコラさんの1歳10カ月になる息子、Kojo《コジョ》がいっしょに工房に行くことになった。ガーナ人のお父さんから受け継いだクルクル巻き毛が愛くるしい。

Kojoは「月曜日に生まれた男の子」という意味だ。ガーナでは、生まれ曜日と性別によって名前をつける（絶対のルールではない）。わたしの誕生日は水曜日なので「水曜日に生まれた女の子＝Akua《エクア》」になるらしい。自分が何曜日に生まれたかなんて、ガーナに来なければ一生調べることもなかったかも。

工房のヤギを追いかけまわし、ギターの棺桶に腰かけたり、職人に遊んでもらってご機嫌に振る舞うコジョ。しかし、アジェテイがふざけてコジョを抱き上げ、わたしのポテト・コフィンに乗せると、一瞬で顔を曇らせて泣き出した。

不安そうに泣くコジョがいっそうかわいくて、みんな笑った。わたしも笑ったが、頭の隅ではちょっと別のことを考えていた。ほかの棺桶はみんな、ガーナの社会の中での必然性にのっとって作られている。カカオの実の棺桶も、すり減った作業台も大音量のＢＧＭも、必要性という一種の美しさに満ちている。でも、わたしの棺桶はそうではない。生活や社会から生まれるリズムに、わたしの棺桶が不協和音となっているのではないか……幼いコジョが、それを理屈を超えたところで感じて泣いたとしたら面白い。

だが、その思いつきがわたしの願望の投影にすぎないことも同時に分かっていた。子供なんて、1日のうちに何回も何回も泣くものだ。どこに行っても、その場所にとって自分が異物だと確認したがり、そのことで逆に安心するという心理がわたしの中にある。そんな心理こそが、いちばん身勝手で「子供っぽい」。

ガーナの人たちは、みんな子供の扱いに慣れている。ひょうきんなスティーブンも、ちょっと気怠げなスキンボーンも、仕事の合間にコジョを楽しませている。ショコラさんはここで仕事をする間、基本的にはガーナ人のパートナーとその家族にコジョを見てもらっている。それが出来るのは、一族の大人がみんな子守り経験値が高いからだ。

ポテト・コフィンに乗せられて泣くコジョ

工房の中庭でも、常に1歳～8歳くらいの子供たちが遊んでいる。子だくさんの家族がいくつか長屋に住んでいるので、顔ぶれもくるくる変わって何人いるのか分からない。小さい子がさらに年下の子の面倒を見ている様子もよく目にした。わたしも子供嫌いではないが、慣れていないために完全に腰が引けている。子供の面倒を見る能力も、生活上の基本スキルのひとつだよな、と痛感する。

棺桶が造形としてはだいぶ完成に近づいたので、アルバートさんに「棺桶の重さを量りたいんだけど……」と相談してみた。秤を買える場所を訊こうと思っていたが、アルバートさんは「数軒横にスクラップを集める店があるから、あそこで借りればいい」とすぐに鉄くず屋に掛け合い、吊るすタイプの秤を手に戻って来た。

秤の輪っかにゴムチューブを通して工房の梁にかけ、その辺にあったぼろ布でまず棺桶のフタを包んで吊るす。梁が折れて屋根が落ちて来やしないかと心配した

大騒ぎで棺桶の重さを量る

が、なんとか大丈夫だった。アルバートさんの陣頭指揮のもと、棺桶職人や鉄くず屋の若い衆が集まっていると、子供たちまで珍しがって詰めかけてきてちょっとしたお祭り騒ぎだ。アジェティが部族の言葉で鋭く一喝すると、パッと散るがまたすぐ戻ってきてしまう。

棺桶のフタ、台座つきの土台、チップスの細工の部分を分けて計量すると、それぞれ21キログラム、25キログラム、8キログラムだった。念のため長さも巻尺で測ったが、3辺の和も300センチメートルを下回っているので、荷物1個あたりの制限はクリアできそうだ。アルバートさんに言われて、鉄くず屋さんに10セディ（約320円／2015年12月のレートで換算）お礼を支払った。

「アルバートさん、めちゃくちゃ頼りになる！」とショコラさんに言うと「彼は両親ともガーナのロイヤルファミリーの血を引いていて、威厳もあるし、人に言うことを聞いてもらう呼吸を心得ているんですよね。ガーナで物事を進めるには、そういう貫禄ってすごく重要なんですよ……」とのことだ。たしかにアルバートさんが職人に声をかけると、職人は作業の手を止めてしっかり聞いている。棺桶の注文主であるわたしたちへの態度より、よっぽど丁重だ。ちょっと複雑な気もするが、味方としては心強い。

市場の女性たちが着飾っていた理由が、少し分かった気もする。あのお洒落は、武装でもある。要するに、女はなめられやすいのだ。

アジェテイが、ついに黄土色の塗料を棺桶に吹きつけはじめた。「おぉっ!」「ポテトだ!」「一気にポテト感が!」と盛り上がる女3人。細かいペイントについては明日、テシの町に住むペインターがやって来て作業をするという。明日からベナンに2泊3日で行くことになっているが、その間に色塗りは終わってしまいそうだ。

棺桶に、いくつか広告を入れることになっている。ウェブでこの企画への支援を募った際、支援プランをいくつか設定した。その中でいちばん高額なものが「棺桶にご希望の広告デザインを入れます」という10万円のプランだった。

冗談半分だったが、実際に申しこんでくれたのは生きもの関係の活動で仲良くなった人たちだった。若干気まずいくらいお世話になってしまったが、生涯を通じて恩返ししていこうと思う。

今回棺桶に入れることになったのは、以下の広告である。

・うみねこ博物堂(@umineko22/Twitterユーザー名):昆虫標本や貝、生きものモチーフの雑貨、自然科学系の書籍などを扱う博物雑貨店。2016年5月、神奈川県相模原市にて開業。
・クマムシさん(@kumamushisan):クマムシ博士の堀《ほり》川大樹《かわだいき》さん(@horikawad)がプロデュースする、クマムシ(極限環境耐性で知られる微小動物)のキャラクター。
・いきもにあ(@equimonia):生きものに関するグッズや作品の展示・販売、研究発表を行うイベント(第10章参照)。

「広告も明日入れてくれるんだよね」と、広告用の図案コピーを見せながら念を押すと、アジェティは紙をめくりながら「うん、グラスカッターもちゃんと入れるよ」と言った。「グラ……？　何？」と焦るわたしに、ショコラさんが「メレ子さん、アジェティはクマムシさんのことをグラスカッターだと思ってるんですよ」とフォローする。

グラスカッターというのは、ガーナをはじめ、サハラ砂漠以南に生息しているアフリカタケネズミのことだ。同じく大型げっ歯類のカピバラなどに似ている。体長は40〜60センチメートルほどで、名前のとおり草を食べる。畑を荒らすこともあるので、害獣駆除も兼ねて食用が推進されているのだそうだ。実際に、ＪＩＣＡではグラスカッターを食用家畜として生産することで、動物性タンパク質の安定供給を図るプロジェクトが採択されている（http://www.jica.go.jp/partner/kusanone/partner/gha_01.html）。食べてみたかったが、滞在中は見かけなかった。

クマムシが大ネズミに化けたのが面白すぎて、わたしとサチコさんはグラスカッターをスマホで検索して「似てるー！」と笑いこけた。しかし、その後「わたしもなんて説明していいか分からなくて……」とショコラさんがすまなさそうに言ったので我に返った。たしかに、日本人でもクマムシについて説明できる人、そんなに多くない。

絵のうまい青年・スティーブンも、日本からやってきたロゴデザインを興味深そうに眺めている。特にいきもにあの、ミジンコや鳥や魚が複雑に組み合わさったロゴが気になったらしい。「これは何を意味しているのか」と訊いてきた。

「えーと、それは……〝Festival of living things〟……かな？」

〝いきもにあ〟の英訳としては悪くない気もするが、意味はまったく伝わらなかったと思う。スティーブンのスケッチブックに精細なアリの絵が描かれていたのを思い出し、わたしは彼をいきもにあに連れて行けたらいいのにな、と思った。あの空間を目にしたら、すぐに「な

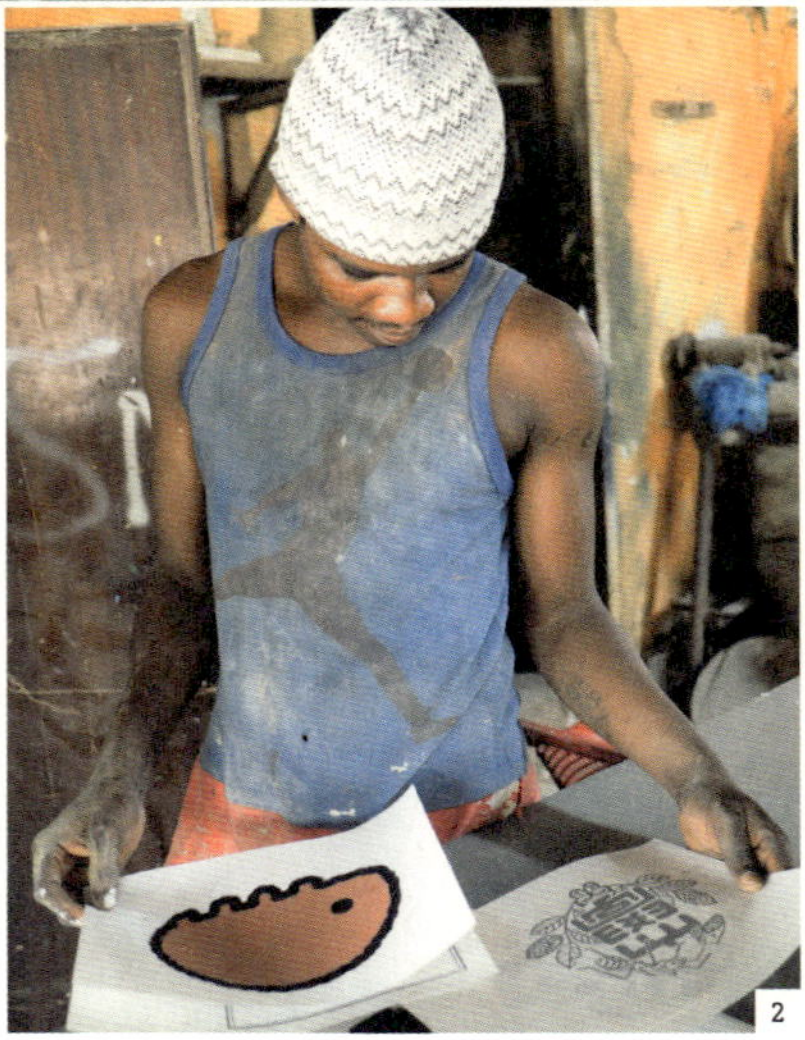

1 棺桶をペイントするアジェティ

2 棺桶スポンサーのロゴ資料をしみじみと眺める

6

5

8

7

5堀川大樹さんがプロデュースしているキャラクター「クマムシさん」 6生きものクリエーターズイベント「いきものにあ」公式ロゴマーク（デザイン：＠de_june） 7自然科学と古物の店「うみねこ博物堂」のロゴ hakubutsudo.hatenablog.com/ 8自分が開催するイベント「昆虫大学」のロゴもいっしょに入れてもらうことに

るほど！　生きものの祭典だぜ！」と言ってくれると思うんだけど。

日ましにハマターンがひどくなっていく。夕焼けも夕日も、吹き荒れる砂塵でぼんやりと煙っていた。

明日はホテルをいったんチェックアウトして、陸路で隣国のトーゴを通過し、ベナンに向かう。室内に干した洗濯物を畳みながら外を眺めると、人々が庭の木の下に椅子を出して涼んでいる。日本とは何もかも違う異国の地だけれど、すごく懐かしさを感じる風景だった。

今見ている風景もまた、フェスティバル・オブ・リビング・シングスなのだろう。木の下にいる人たちは、ここから見る限りはとても安らいで、同じリズムに身を任せているように見える。わたしもフェスティバルの一員には違いないが、何を血迷ってか、まわりとずれた葬送のステップを踏みはじめてしまった。このホテルより、ハマターンが吹く空よりもっと上から見ている存在がいたら、とても無様に映るだろう。

だが、どのように見えるかは、この際問題ではない。このフェスティバルには、ひとりひとりの踊り手にしか舞えない踊りがある。リズムに乗れず人の足を踏みつけたり、大きなお尻でどつかれたり、そして時には横の人と手拍子を合わせたりして、とにかくここまでやって来たのだ。

ベナンではどんな踊りが見られるのかな、と思いながら、わたしはカーテンを引いた。

ガーナ棺桶紀行（4）　人生を捨てさせる装置

12／24（木）滞在5日目　ガーナ↓トーゴ↓ベナン

ぼろぼろのセダンは、真っ暗な草原を走りつづけている。後部座席の真ん中は座り心地が悪く、お尻も頭も鈍くしびれていた。左右に広がる草原に、野焼きの炎が点々と燃えている。黒い油のような不安が自分から染み出て、外の闇につながっている気がした。

ようやく賑やかな町に入った。灯りが輝く広場に、白い服を着た人が集まっている。これがベナンのクリスマスなのだろうか。ドライバーが、電飾つきの仮面をつけた物売りの女性にホテルの名前を告げる。女性は笑って、どこかを指差す。やっと着くんだ、と思ったが、車はまた町から遠ざかり、今度は海沿いを30分ほど走りつづけた。安全なホテルをネットで探した結果、町から離れたリゾートホテルを選んでしまったようだった。

ホテルに着いて、わたしたちはタクシー代の６０００セファ（ＣＦＡフラン／約１２００円／２０１５年12月のレートで換算）を通訳兼ガイドのエリックに渡した。

「これじゃ足りない」

「え？」

「タクシー代はひとり６０００セファ。４人分の２万４０００セファを払って」

わたしが逆上する前に、横にいたサチコさんの神経がプチッと切れる音が聞こえた。

「エリック！　アイ・キャント・トラスト・ユー！」

10日ほどと決して長くないガーナ滞在だが、クリスマスの25日は棺桶工房も休みなので、ガーナの東のふたつ隣りにある国・ベナンで過ごす計画になっていた。ヴードゥー発祥の地で、呪術や供犠、精霊の世界を少しだけでも感じたいと思い、２泊３日の小旅行に出かけることにしたのだった。

朝、運転手のアルバートさんの車で隣国トーゴとの国境の街・アフラオに向かう。途中で棺桶工房に立ち寄った。棺桶に広告を入れるところを見たかったのだが、テシの町随一の腕だというペインターはなかなか作業をはじめず、ポテト・コフィンに陰影を入れたところで時間切れ、出発の時刻になった。

ここで英仏通訳の青年・エリックが合流した。コーディネーターのショコラさんは「フランス語圏ではお役に立てそうもないので」と同行せず、わたしと編集者のサチコさん、そして日系旅行社に手配してもらったエリックの3人でベナンに行く。トーゴとベナンのビザは、日本の大使館で取得してある。

エリックはやせ型で、囁くようにぼそぼそと話す青年だった。事前の打ち合わせでは「押しが強いキャラじゃなくてよかった」とショコラさんを安心させた彼だが、どうも様子が変だ。国境でアルバートさんと別れ、トーゴ入国手続をしながらフランス語の入国書類の書き方についてエリックに訊こうと顔を上げると、ずいぶん遠くにいる。なんのための通訳か、と思っていると、トーゴに入るなり派手なセットアップの男性を連れてきた。

「彼はパトリック。彼がエグングンを見せてくれる」

エグングンは、葬礼やお祭りに呼ばれるヴードゥーの祖霊だ。宝貝やビーズをずっしり縫い取った布を幾重にもまとい、顔も完全に布で隠されている。踊りながら人に素早く近づき、鋭く短い警句を発する。その存在を知ってからというもの、いつかひと目見たいと思っていた。

わたしたちはウィダという町のホテルで、ベナンでフィールドワークをしている日本人研究者のRさんと落ち合う予定だ。打ち合わせ時、知人にエグングンの仲介をさせると言うエリックに「Rさんのつてを頼れるかもという話もあるし、国境越えのガイドだけでいい」と伝えたが「もう知人に頼んだ、変更できない」と言いはるので、やむなくお願いしたのだ。それにしても、わざわざ国境まで迎えに来させなくても……連れてきても交通費は払わないよと事前に断ったのに。

駐車場に行き、オンボロのセダンタクシーに乗せられる。ガーナの通貨しかないので「両替したいんだけど」と尋ねると、怪しげな両替商を連れてきた。国境にはこの手の人がたくさんいて、旅行者とのトラブルも多い。「ブラックマーケット（闇両替）は使わないように」とショコラさんに強く念押しされていたので「打ち合わせ通り、銀行か両替所を使いたい」と告げたが、エリックは「タクシー代は20ドルで足りる。ひとまず20ドルだけ両替すればいい」と繰り返すばかりだ。打ち合わせの内容をひとつずつご丁寧に覆され、不安が募る。

大柄なパトリックは助手席に座り、サチコさん、わたし、エリックが3人でうしろに座った。パトリックを呼ばなければ、こんな窮屈な思いをしなくて済んだのに……だが、今日は移動だけだし、ホテルに着けばなんとかなるだろうと思っていると、タクシーがいきなり道端で止まった。定員いっぱいのはずの車に太ったおばさんが乗りこんで来て、助手席のパトリックの横に体をねじこむ。エリックは何も言わない。

「エリック……その人は何者？」

サチコさんがたまりかねてエリックに確認すると、エリックは「彼女、運転手の友達みたい。たくさん乗せるとひとり分が安くなるしいいじゃん」と言った。

「乗合タクシーは強盗に遭う危険性もあるから、絶対に貸切にしてって言ったよね？　なんで知らない人を乗せるの？　ショコラさんに電話して！」

「トーゴで使えるＳＩＭカードは持ってないから電話できない」

「なんで連絡取れるようにしておかないの⁉」

「普通は電話がしたければ、先にその分の金をくれるものだ」

「それなら事前に電話代をくれって言えよー！」

我々が揉めている間も、運転手はカーステレオで爆音を流しつづける。おばさんはその音楽が気に入らないのか、スマホを出して別の音楽を大音量で聞いている。もうめちゃくちゃだ。エリックは、通話できない携帯電話でテトリスをはじめた。

おばさんもパトリックも、結局ウィダのホテルまでついてきてしまった。ホテルのロビーでタクシー料金の支払いについて揉めていると、Rさんが到着した。彼女はウィダの北にあるアラダという町に住んでいる。昼にウィダに着いて、町を調査していたようだ。初対面のあいさつもそこそこに、フランス語で仲裁をしてもらうことになってしまった。

Rさんによれば、タクシー代のひとり6000セファ自体は、暴利ではなさそうだ。エリックは国境でわたしたちに「20ドルだけ両替しろ」と言ったから、それがひとり分の料金かどうかをはっきり確認しなかったのだろう。だが、ガイドとしてドライバーに運賃の確認すらできないのは致命的だし、間違えたなら間違えたと言ってほしい。一方で、エリックはわたしたちに「信用ならない」と言われたのが傷ついたらしく「僕はこんなに頑張ってるのに、お前たちは全然優しくない。質問とかもしてくれないし」と愚痴りはじめた。「いやいや、約束は守ろうよ」と言いながら、タクシー代を払った。

それにしても、ヴードゥーに関わるセンシティブな領域でエリックを頼るのはリスクが大きすぎる。おそらく悪い人間ではないが、約束事や段取りや交渉に関してはまったく期待できない。そもそもパトリックはウィダの人間に見えないし、本当に仲介ができるかも怪しい。あとからとんでもないお金を請求されたり、現地の人を怒らせたりしたら、今日のようなトラブルでは済まない。

ホテルのレストランにはビュッフェの銀色のお盆が並んでいたが、疲れすぎていて食欲がなかったのでジュースを頼んだ。裕福そうな欧米人やベナン人の家族の前で、猿のようなマスクをつけた芸人が踊っている。クリスマスシーズンに現れる「カレタ」という仮装だそうだ。普通の精神状態であれば興味深く見られただろうが、しかし、なんというクリスマス・イブだろう……。

女3人がお花の挿さったトロピカルドリンクを力なく

すすっていると、タクシーに戻ってパトリックと話していたらしいエリックが現れた。

「パトリックは、もうエグングンの紹介はできないと言っている。彼はもう帰るから、今までの準備代で2万7000セファ払ってくれ」

「ハァ⁉ なんのお金⁉」

「僕ももう帰りたい」

「うん……それは好きにしたらいいよ……」

〝準備代〟の支払いについては断固拒否したが、今度は「帰るお金を持ってないから貸してくれ」と言い出す。エリックは結局、50ドルを借りて去っていった。

「Rさん、せっかく来ていただいたのに揉めごとの通訳をさせてしまって、本当にすみません。エグングンも見られないですし……」

「ああ、ベナンではたいていのことは思い通りに行かないですから。何度かポシャるのを前提にゆっくり滞在できるのでなければ、外国人がエグングンを呼ぶのはかなり難しいですよ」

やっぱり、だいぶ無謀だったんだなあ。今日起きたこと全部、エグングン以前の問題だったものな……と、わたしたちは頷いた。

Rさんは大学卒業後企業に数年勤めたあと、青年海外協力隊員としてベナンに赴任し、現在は大学院の博士課程でベナンの新宗教を研究しているという。わたしと同い年だが、こちらで仕立てたというセットアップと共布のスカーフをさらりと羽織り、町で買ったオレンジをかじる佇まいは、いかにもベナンに馴染んでいる。

声が時々かすれて苦しそうなので「風邪ですか?」と訊くと「風邪かな、マラリアかな……、先日、新宗教の儀式で何か塗られたから、変なものが混じってないといいけど」と、さらっとすごい答えが返ってきた。

Rさんは、通称「バナメーのカトリック」と呼ばれる新宗教の調査をしている。2009年に、神を名乗る少女を中心に結成された教団だ。「腐敗したローマ教会を捨て、ベナンに新しいカトリック教会を築く」

というコンセプトなので、ローマ・カトリック教会からはとっくに破門されているが、ベナンでは勢いがある新宗教だという。

その宗教の調査の途中、妖術師対抗をメインに活動する別の新宗教「フラタニテ・オボニ」の教祖が、「バナメーのカトリック」の教祖の少女を妖術師だと言って非難したところ、霊的な力で少女に殺されたと聞いた。しかし、実際に聞き取り調査をしてみると「フラタニテ・オボニ」の教祖は生きていて、少女教祖を非難し続けているらしい。そこで「フラタニテ・オボニ」の巡礼にも参加し調査することにしたが、巡礼の日の夜中に参加した目隠しの儀式で、手首に傷をつけられ粉のようなものを塗りこめられたという。

Rさんの手首に、かすかな3本の引っかき傷が残っている。

「『なんの粉ですか?』って訊いたら『あなたを護ってくれるものよ』って言われちゃいました。衛生面について訊きたかったのに……」

Rさんのワイルドすぎる冒険譚を聞いていると、今日ずっと抱いていた不安な気持ちが一気に塗り替えられていくのを感じた。

眠りについたのは夜の1時頃だった。ガイドのエリックが帰ってしまったので、明後日どうやって帰るかも決まっていない。しかし、もう彼とやりとりをしなくて済む解放感のほうが大きかった。

12/25(金) 滞在6日目 ベナン観光

朝になると、泊まったホテルのコテージが海の本当にすぐ近くにあるのが分かった。朝食をとりながら相談して、明日のガーナへの帰路についてはフロントで貸切タクシーを手配してもらい、今日はバイクタクシーで町に出てウィダの町を1日観光することにした。

バイクの1台にRさんとサチコさん、もう1台にわたしが乗せてもらうことになった。バイクが未舗装の道を走り出すとガクガク体が揺れ、わたしは絶対に振り落とされまいとドライバーの肩にひしとしがみついた。

昨日は真っ暗で見えていなかった道端の景色が目に飛びこんでくる。背の高いヤシ並木、ヤシの葉で壁も屋根も葺いた漁民の家、地曳網を引く人々、砂浜に座ったクリスチャン・セレステ（ベナンのキリスト教の一大宗派）の人たち。クリスチャン・セレステはベナン人が開祖のキリスト教で、信者はクリスマスや復活祭のときは全身真っ白い装束に身を包み、海辺に集まる。きっちり髪を編んだ子供たちと、手を振りあう。

ドライバーのおじさんがこちらを振り返って"Chinoise?（中国人?）"と尋ねてきた。わたしは、これならフランス語で言える！　と張り切り、風に逆らいながら"Non! Je suis Japonaise!（いいえ、日本人です!）"と叫び返す。どうにかやっと旅のエンジンがかかってきた、そんな気がした。

ホテルではカードが使えず、セファの調達が急務だったが、ウィダの町では海外キャッシングできるATMも無事に見つかった。

Rさんが通行人のおじさんにツーリストオフィスの場所を訊くと「クリスマスだからオフィスは閉まってるよ。俺の友人がガイドをやってる」と言われた。本当に閉まっているかは眉唾だが、この即席ガイドを呼んでもらうことにした。

「ヴードゥーに関係する場所をめぐりたい」とリクエストすると、①蛇を祀るお寺、②ヴードゥーの王様に会いに行く、③「聖なる森」の3カ所を提案される。全部で3万セファ（約6000円）で、交渉がまとまった。

蛇寺には、ヴードゥーの数多ある神格の中でも、蛇の神格であるピトン神が祀られているという。入場料を払って境内に入ると、大きな木の前に案内された。

木には白い布が巻かれ、赤油（パームオイル）を撒いた跡がある。「靴を脱いで木の前に進み、左手を木に当てて声に出さずに祈れ」と言われた。祈り終わったわたしに、お寺の人が言った。

「願い事が叶えられたら、お礼参りに来ないと呪われるかもしれない。でも、遠方だとお礼に来られない場合もあるよね。そういうときは、あらかじめ1000セファほど供えておくと呪われずに済むよ」

呪われるのは嫌なので1000セファを払おうと思ったが、うっかり払いそびれた。

また、境内には丸い石や塚、炉のようなものが点在しており、赤油やトウモロコシの粉がかけられ、鳥の死骸のようなものも置かれている。これらはみな〝ヴォドゥン〟だ。丸い石のヴォドゥンには、年に一度の大祭で41人の処女と41人の閉経後の女性が甕に入れた水を運んで注ぐのだという(41は、ヴードゥーにおける特別な数だ)。

ヴードゥーの呪物(フェティッシュ)は、〝ヴォドゥン〟と〝ボ〟に大別される。ヴォドゥンはいわば祠のようなもので、場所に属し、動くことはない。神棚のように、家ごとに作られるヴォドゥンもある。毎日トウモロコシの粉や赤油をかけたり、1月10日のヴードゥーの大祭では生贄を捧げたり、欠かさず供犠を行うことで、ヴォドゥンの呪力は育っていく。対して、ボはお守りのようなもので、身につけたりヴォドゥンに捧げたりすることで効果を発揮するという。

そして、ヴォドゥンは呪物であると共に、それに宿る精霊を意味する。ヴードゥーはヴォドゥン(Vodun)の英語読みだ。17世紀に創建されたダホメ王国の民間信仰が、植民地支配によってキリスト教と習合した。奴隷貿易によってカリブ海地域に広がったヴードゥーは、ハイチなどでさらに発展していった。20世紀に盛んに作られたハリウッドのゾンビ映画は、アメリカ政府が占領下のハイチに対して張ったヴードゥーのネガティブ・キャンペーンでもある。

最後に見せてもらった蛇舎には、数十匹のニシキヘビが静かにわだかまっていた。人の生首を模した置物があって、ヘビがニュルンと巻きついている様子が悪趣味だ。お寺の人が、わたしとサチコさんに1匹ずつヘビを巻いてくれた。

我々がヘビに動じないのが物足りなかったのか、お寺の人はバイタクのドライバーにもヘビを巻きつけた。「アーーーーー!!!!!」という絶叫が、蛇舎にこだました。

蛇寺の前には、カトリックの大聖堂が向かい合って建っている。ベナンの人口の17パーセントを占めると言われるヴードゥー信者だが、多くの人は「昼はカトリック、夜はヴードゥー」と言われるように生活の中ではヴードゥーの戒律を守り、日曜には正装して教会のミサに行くことを矛盾なく続けているらしい。この辺の感覚は、日本人に近いものを感じる。


水を買うついでに、市場に立ち寄った。クリスマスなので市場は閑散として、おみやげになるようなものも売っていないが、市場の前に巨大な丸い石碑がある。これは「レグバ」という十字路の神で、村の入り口や要所に置かれるものだという。ウィダでは最も古いレグバで、作った当時には男女ひとりずつを生き埋めにした。今はそうもいかないので、ヴードゥーの大祭でヤギを41頭捧げている。下の穴はヤギの頭を入れるところだ、とガイドが教えてくれた。

ヤギがレグバをしつこく舐めている。捧げられた赤油やトウモロコシの粉が気になるのだろうが、生贄の話を聞いたあとでは複雑な気持ちだ。

「毎年ヤギを41頭も差し出すなんて、すごい出費ですね」

「ヤギ代は公金によって賄われるそうです。ヴードゥーはベナンの国教なので」

続いて、ヴォドゥンを司る王様の家に向かった。アポ無しで王様に会いに行ってよいのだろうか、と思ったが、ガイドたちは路地裏を抜け、ずんずんと王様の家に入っていってそこにいた老婆に取り次ぎを乞う。王様の家の壁や塀には、ヴードゥーの神話や祖霊の物語がペンキで描かれていた。

がらんとした部屋に通され、壁際のベンチに座って

1 ハサミや金物を祀るヴォドゥン 2 蛇寺の聖なるイロコの樹 3 蛇寺の丸いヴォドゥン。大祭で41人の閉経後の女性と41人の処女が水をかける 4 ウィダの路地裏のヴォドゥン 5 王様の家の近くの広場にあるヴォドゥン。小鳥が捧げられていた

6

7

6いきなりヘビを巻かれて動揺するバイタクのドライバー 7市場の前の巨大なレグバと、レグバについた油を舐めるヤギ。周囲にはゴミのようなものがたくさん落ちているが、これはお供えの残骸だという

待っていると、王様が現れた。刺繍入りのハットを被り、偉い人特有の鷹揚な雰囲気があるが、思ったより若い。わたしたちはあらかじめ言われた通り、床に膝をついて王様を迎えた。手には、王様に渡す謁見料の5000セファを握っている。

王様は慣れた様子で、部屋の壁に描かれた絵を指しながら王族の歴史について話しはじめた。Rさんに訳してもらいながら聞いた話は、以下のようなものだ。

王様は、KPASSE LOKO(パッセ・ロコ)という樹の神格を司っている。壁には王の生年と没年が描かれている。初代の王と3代目の王の間に300年ほど間隔があるが、2代目の王はいなくなったので没年は描かれていない。

2代目の王は森に住んでいたが、鳥になって森から去った。森から出た王の前に、2匹のヒョウが立ちはだかった。王は森に戻ろうとしたが、森から「戻ってはならない」という声がしたのでヒョウに向かって進んでいった。するとすべては消え失せ、聖なる樹が残った。これがパッセ・ロコである。

要素や筋がフワフワしていてとらえどころがないが、それも含めて面白かった。日本に帰ってからナイジェリアの小説家・チュツオーラの『やし酒飲み』(土屋哲 訳/池澤夏樹=個人編集 世界文学全集I-08 河出書房新社)を読んだが、半ば神のような主人公が様々に姿を変えながら長い旅をする様子が、このとき聞いた話とあちこち重なる。

1月10日のヴードゥーの大祭では、大勢の精霊と信徒たちがここに集まり、たいへんな騒ぎになるという。最後にいっしょに写真を撮らせてもらい、王様は去って行った。ベナンには、このような王様が各地にたくさんいるのだという。

謁見のあと、町の屋台でお昼を食べた。トウモロコシを挽いた粉を煮ながら混ぜて蒸した「ウォー」に赤い魚のソースがかかったもの、そしてペットボトルのコーラ。蒸し餅と辛い味付けのスープの組み合わせは、ガーナで食べた庶民的な料理とだいたい共通だ。

町の外れにある「聖なる森」は、とても不思議な場所だった。

La forêt sacrée という言葉から、もっと鬱蒼とした深い森を想像していたが、どちらかというと木に囲まれた広場に近い。聖なる森の門には、先ほど王様から聞いた神話の2匹のヒョウが描かれている。どうやら、ここに聖なる樹――パッセ・ロコが祀られているようだ。

広場には神格や伝承をもとにした像が、20体あまり置かれている。ガイドの青年がひとつずつ像のいわれを説明し、Rさんが訳してくれる。

疱瘡よけの踊りをする男。王の死を告げるため「バオバブの大木が倒れた」などの不敬にあたらないうまい比喩表現（王に対して「死ぬ」という言葉を使うこと自体が重罪にあたる）を探して悩む予言者。一本足のふりをして、敵を油断させる神。2つの顔を持つ王のスパイ……どれも荘厳というよりはとぼけた味があって、すっかり気に入ってしまった。

像の多くはペンキ塗りの塑像だが、ブリキでできたロボットのような独特な感じの像もある。

「これは、聖なる森に入った猟師がヤギを撃とうとしたら、そのヤギは実は神の化身で、ヘビになって猟銃に巻きついてきたという話を像にしたものだそうです。この辺のアニミズムには、日本人にも馴染みやすいものがありますよね」

「なるほど。しかし、これはまた味わい深いですね……作家性の振れ幅がでかすぎるのでは……」

「ジブリ美術館っぽい……」

いちばんぐっと来たのは、「幽霊戦士」の像だ。骸骨のような顔、体じゅうから刃物や鏡の破片、釘やボルトが飛び出している。「ヨーロッパの軍隊と戦うため、ヴードゥーの呪術師がテレパシーで操った幽霊兵士」だというが、稚拙な作りがかえって禍々しさを増幅している。

聖なる森の奥には、虹と蛇のレグバに守られた門がある。ここは立ち入り禁止で、王様は大祭のとき、こ

1

2

1 王様の家の前には、神話に出てくるヒョウや聖なる木が描かれている 2 町のいたるところに、精霊やヴードゥーの儀式を描いた壁画があった

（左ページ）1 聖なる森 2 獣の姿をした雷の神格（男）。男女一対の夫婦神だった 3 巨大な角と男根を持つトレバ神。力を象徴する神格 4 ヴードゥー呪術の幽霊戦士の像 5 ニシキヘビに化身した神に巻きつかれる猟師の像 6 雷の神格。雷は神の罰と考えられている。雷に打たれた死者が出ると、まず口寄せをして生前の悪行を懺悔させないと葬儀を行えないという 7 月と太陽を司る「月千足」の神格

1

4

3

2

7

6

5

の門の奥で儀式をするのだという。ヴードゥーに関するすべての話が、2週間後の大祭のほうを向いているが、関係者もみな大祭の準備で忙しいため、大祭直前はイベントが少ないらしい。「大祭に合わせて綿密に下準備や根回しをすれば、いろんな儀式を取材させてもらえるのかも」と、サチコさんの目が光る。来るときは散々だったが、またベナンに来てみたいな……と、わたしもそう思えるようになっていた。

バイタクで町の中心に戻ってきた。王様の家に行くとき、市場の裏手に呪物を売る屋台がチラッと見えたので、その案内もお願いしてみる。

呪物を売る市場――フェティッシュマーケットも、この旅行で行きたかった場所のひとつだ。トーゴのアコデセワという場所にあるマーケットが世界的に有名な規模らしいが、ここにも3つほど屋台が並んでいる。

隙間なく並べられた大小の動物の骨、カメレオンの干物、色鮮やかな南国の鳥、巨大なヒトデ、猿の毛皮……、これらはみな、ヴォドゥンに捧げたりお守りにするための〝ボ〟のようだ。あたりにはきつい臭いが漂っている。屋台の横には死んで間もなさそうな小型犬の首が天日干しされ、ハエがたかっていた。

写真を撮っていいかどうか店主に訊くと、しっかり見物料を取られた。だが愛想は良く、ボの材料となるカメレオンを袋から出して触らせてくれたりもする。

動物の死体由来のボが多いので、かなり禍々しい印象を受けるが、木彫りのお守り人形なども売られている。試験に受かるためのボなどもあり、生活に密着した信仰であることがよく分かる。エグングンの人形を入れたガラス瓶は、毎日それに酒を注いでから飲むと健康になれるのだそうだ。

再び今朝出発した地点に戻ってきて、ガイドたちに代金を渡すと今度は「奴隷貿易に関するスポットを7カ所めぐらないか?」と持ちかけられたが、ずいぶん高く吹っかけられたのでここで別れた。

Rさんがフランス語で交渉する様子はとても優雅で、決して相手の顔をつぶさない。双方とも笑顔を絶やさずに「それは無理よ〜!」「これ以上は時間の無駄だよ〜!」とやり合っているのを見て、西アフリカで暮らすって大変だな……としみじみ感じてしまう。

ホテルに向かってぶらぶら歩いて、疲れたらまたバイタクを拾うことにした。ウィダはのどかでいい町だ。髪結いの質素な屋台があちこちにあり、マニキュアの瓶も並んでいる。わたしもアフリカっぽい髪型にしたくなったが、2時間くらいかかるそうなので断念した。

「Rさんは髪を編んでみたことありますか?」

「あるんですけど、髪を引っ張るので頭が痛くなるんですよね……知り合いに『頭痛がひどい』って言ったら、『わたしがいつも使ってるいい頭痛薬があるから!』って勧められました」

「あっ、慣れるとかじゃないんだ……」

町を抜け、海へ向かう道の途中でも、様々な形のレグバを見た。聖なる森で見たものと同じように、神像というよりも公園の遊具みたいな佇まいだ。朝、海辺に集まっていた白い服のキリスト教徒の一団が、マイクロバスにぎゅうぎゅうに乗って町に戻っていくのともすれ違った。

ホテルのある海沿いは、かつてアフリカ奴隷貿易の一大拠点だった場所だ。1000万人とも言われる黒人が奴隷にされ、ウィダから出荷されていった。海に近づくにつれて、奴隷貿易に関する史跡が増えていく。

海へ続く道端には「忘却の木」の記念碑があった。奴隷として出荷する前に、男なら9回、女や子供なら7回「忘却の木」のまわりを回らせる。すると、今までの人生をすべて忘れてしまうと言われていた(ただし、後付けの伝承だという説もあるらしい)。

Rさんは前にウィダに来たとき、奴隷が閉じこめられていた場所の史跡を見学したそうだ。

「窓もない真っ暗な部屋に、奴隷たちをわざと数日間入れておくんです。従順な奴隷にするために、それ

1

2

1 呪物を売る屋台。ガラス瓶に入っているのはエグングン人形
2「帰らずの門」と、盛装して海辺で過ごすベナンの家族

までの人生を捨てさせるための装置を作ったんだなと思いました」

わたしは携帯電話を思い浮かべた。日本と違って、ガーナやベナンでは、みんなプリペイドＳＩＭを気軽に買い、スマートフォンや携帯に入れて通話している。生身の人間からそれまでの人生や人格、誇りを残らず叩き出して、「扱いやすい奴隷」という新しいＳＩＭカードを入れる。そのための装置が、奴隷貿易を通じてどんどん発達していったのだろう。

「奴隷貿易というとヨーロッパ人がアフリカ人を捕まえるイメージですが、実際は、ヨーロッパ人は『商品』としてフォン人の王朝に敵対民族を捕まえさせていました。そして、銃や外国商品と引き換えにフォン人王朝と『取引』したのです。少ないとはいえ今でも、ヨルバ人の親が子供のフォン人との結婚に難色を示したりすることがあるそうです」

海に出る手前でバイタクを拾い、ホテルに戻った。Ｒさんとは、ここでお別れだ。本当にお世話になってしまった。

わたしとサチコさんは、日のあるうちに海岸へ行ってみることにした。

奴隷貿易のシンボルである「帰らずの門」は、ホテルから歩いても行ける場所にある。砂浜では、お金持ちそうな家族連れがゆったりと休日を過ごしている。しかし太陽は砂塵に隠れ、ギニア湾の波は荒い。わたしとサチコさんはビーチコーミングを企んだが何も拾えず、高い波に襲われて腿までずぶ濡れになった。

カトリック教徒が建てたモニュメントの前で、父子連れに頼まれて一眼レフで写真を撮ってあげた。波は高いが美しいエメラルドグリーンの海を見ながら、誰かに今までの人生を奪われ、捨てさせられることを想像してみた。

わたしはとても怖がりで、暴力が大の苦手だ。もう逆らえないと分かったら、むしろ自ら人生を捨てさせる装置に入ることを望むだろう。言葉も通じない国で、家畜より低い扱いを受けながらもとの暮らしや家族を思い出すくらいなら、一度フォーマットされてしまいたい。

しかし、世界各地に連れて行かれたアフリカの人々にとって、ヴードゥーは「人生を捨てないための装置」だったかもしれない。もとの人生を忘れまいという気持ちを奴隷たちが自ら持ちつづけようとしたかは分からないが、国も家族も名前も捨てさせられた人間が持って行けたものといえば、体の奥に染みついた畏れの気持ちだけだっただろう。

夜は早めにベッドに入ったが、疲れすぎて寝付けなかった。昼間見た犬の生首や、ヴードゥーのテレパシー殺人幽霊兵士、おかしな顔のレグバのイメージがぐいぐい浮かんでくる。こういうときは金縛りに遭うことが多い、嫌な感じだ。

やっと眠れそうだと思った瞬間、聖なる森が見えた。落ち葉が積もった明るい広場に、横を向いた巨大な鶏がいる。鶏の首の先には乾涸らびた老婆の顔がついていて、こちらを見ている。パッと目を開けて、もっと楽しいことを考えるように努めた。

1日観光しただけなのに、心底ヴードゥーの世界にビビッているらしい。これでは「お前に呪いをかけた」と言われるだけで、勝手に心臓が止まってしまうかもしれない。

Rさんは、呪殺を宣言された人が不審死をとげた話を身近に聞いたことがあるという。わたしはオカルト的な話は大好きだけど、実際に信じたい訳ではない。ここに来る前は、呪術は共同社会を円滑にする道具なのでは、と想像していた——たとえば、呪術という代替手段があることで直接加害せずに済むとか、呪われないように慎ましく行動するとか。

でも、みんなが呪いを強く信じている世界でなら、呪いで本当に人は死ぬのかもしれない。

12／26（土）滞在7日目　ベナン↓トーゴ↓ガーナ

翌朝、約束の時間にタクシーが無事にお迎えに来た（ここがいちばん心配していたところだった）。乗合にされることももちろんなく、行きと比べると快適すぎるドライブだ。

ベナンとトーゴの国境では、ベナン大使館のミスでわたしにだけ有効期限が1日のビザが支給されていたため、冷や汗をかいた。日本で大使館に確認した際には「マルチプルビザだから、このままで問題ない」と言われたのだが、国境の警察官は「これじゃダメだ。月曜にコトヌー（ベナンの首都）に行ってビザを取り直して来い」と言う。それでは、日本に帰る飛行機に乗れない。

弱り果てて「もしいくらか払えば……」と言いかけると、食い気味に「3万3000セファでスタンプを押そう」と言われた。受け取ったお金をホクホクと手元の引き出しにしまう警察のおっさんを前に、腹立ちとお金で済んでまだマシだったという気持ちがせめぎ合い、どんな顔をしていいか分からなかった。

ガーナ国境でアルバートさんに会えたときは、本当にほっとした。こうして、トラブルと呪術にまみれた長い長い2泊3日のベナン旅行は終わったのである。

ガーナ棺桶紀行（5）　ヤギの血の祝福

12／27（日）滞在8日目

　思いもかけずスリリングだったベナン行のあとでは、ガーナの棺桶工房のすべてが懐かしく思える。

　わたしたちがいない間、ペインターに入れてもらった棺桶広告も完璧な仕上がりだ。ポテトチップスをモチーフとした棺桶に、生きものイベントやクマムシのロゴデザインが入ったことによって説明しづらさのレベルがまたひとつ上がった感がある。しかし、装飾棺桶は故人の生きた証を表すもの。よく分からない生き方が、よく分からない棺桶に正確に反映されていると言える。

　わたしたちは、棺桶パーティの買い出しに市場に向かった。普通は棺桶を作る前に、お酒を捧げるドリンク・セレモニーをするそうだが、わたしは制作開始時には立ち会えなかったので、完成に合わせて行うことになったのだ。

　数日前「セレモニーって、いったい何が必要なの?」とアジェティに訊くと、キラリと目を光らせ「まず、ヤギ1匹。それにお浄めの酒、あとビールはたくさん要るかな……」と並べ立てはじめた。怪しい。工房の裏の長屋には年末らしいソワソワしたムードが漂い、親戚らしき人や子供たちが連日出入りしている。わたしを親戚一同でのクリスマスディナー、またはおせち料理の金主にしようという魂胆がひしひしと伝わってくる。

　外国ではありがちだが、お金を持ってる人が持ってない人に大盤振る舞いするのは当たり前、という気風はガーナでも強い。ちょっと仲良くなると「その時計、くれないかな?」とか「今日はまだ水もおやつもおごってくれてないじゃん!」と言われる。断っても「そっかー」という感じなので重くはないし、逆に彼らが道端で買ったおやつやスナックパインをおごってくれることもある。良くも悪くも、心の垣根が低い感じがする。

　棺桶パーティについては予想外の出費なので、コーディネーターのショコラさんはいろいろと気を遣ってくれたが、わたしもヤギを食べてみたい。工房側に食材を調達してもらうと予算がコントロールできそうにないので、何かと頼りになるアルバートさんに市場に連れて行ってもらうことにした。

アボゴロシ（大きな木）という名前の市場に来た。アルバートさんに言われるがまま、トマト、玉ねぎ、赤とうがらし、トマト缶、米15キログラム、コンソメキューブ、油、にんにく、何種類かのスパイスを買う。さらに、アペテシエというヤシから作る強いお酒も1ガロン。

そして、最後にヤギ市場へ。埃っぽい広場に、茶色、白、黒、ぶちのヤギたちが数百匹ひしめいている。

アルバートさんがヤギ売りのおじさんに声をかけると、おじさんは白黒のぶちの雄ヤギを選び出し、水を飲ませはじめた。サチコさんが「末期の水だ……」と呟く。

クリスマスなので、ヤギが値上がりしているらしい。

ヤギ市場で末期の水をもらう白黒ヤギと、そのお相伴にあずかるヤギ

250セディ（約8000円）を払う。パーティの予算は全部で1万円くらいと聞いていたが、全然足りない感じだ。

「うう、お金が飛んでいく……ヤギなら工房にも2匹いるのにな〜」

「でも、工房のヤギをつぶすって言われたら嫌じゃないですか？　メレ子さん……」

「あっ、すごく納得しました」

「食べるなら、顔見知りのヤギより知らないヤギのほうがいいですよね」

ここに来る前にも「チキンのほうがおいしいし安いのでは？」とアルバートさんに抵抗を試みたのだが、アルバートさんも「いや、お祝いといえばヤギだ」と頑として譲らない。クリスマスの七面鳥のようなものらしい。

工房へ帰る道々、四肢を縛られてトランクに入れられたヤギが車の揺れに合わせて「ンメ〜」と悲しい鳴き声を上げる。そのたびわたしたちは「あ〜」「う〜」と罪悪感で呻いた。

12／28（月）滞在9日目

朝9時に棺桶工房に行くと、昨日引き渡した白黒ヤギはまだ生きていた。元からいる2匹の茶色いヤギとも馴染んでいる。しかし、白黒ヤギの命はあと数時間なのだ。

「そのサンダル、いいわね」と、いつも工房の前で食品を売っている15歳くらいの少女が声をかけてくる。今日は棺桶パーティなので、わたしは多少おしゃれをしようと思い、アート・センター（民芸品を扱う観光客向けのおみやげ市場）で買ったビーズのサンダルを履いていた。馴れ馴れしすぎるくらいのガーナ人の中で、ひときわ無口で愛想のない子だったので、実は目ざとくニューアイテムをチェックしていたことに驚いた。「いくらしたの？」と訊かれて「140セディ」と言うと、彼女は「ないわ〜！」と天を仰いだ。

アルバートさんが、ビール1ケースとカセブリッジを買ってきてくれた。カセブリッジは、ちょっとだけ使う浄めの酒だ。

そこにビッグ・ママが登場した。工房のオーナー・CDさんの奥さんで、ふだんは工房の庭で近所の奥さんたちを集めてケンケを作って売っている。彼女が棺桶パーティのご馳走を作ってくれるようだ。アットホームな感じの工房だが、いわゆる「まかない」は見たことがない。日中は暑いので朝夕の2食で済ませる人も多いらしく、軽食の販売が充実していることもあってあまり自炊しないのかもしれない。ここはガーナの都市部だから、農村部に行けばまた事情も違うのだろうが。

ビッグ・ママはアルバートさんの手配した食料品を見て、「これじゃ全然足りない！　ペッパーは緑のも要るし、あとニワトリを2羽……」と言い出した。結局、チキンも要るんかい。追加物資はサチコさんとアルバートさんとママが近くで買ってきてくれるというので、わたしはヤギをつぶすところを注視することにした。


器用なスティーブンは、ヤギ祭りの準備でもよく働く。その辺に落ちていたコンクリブロックでかまどを作り、火をおこし、地面に浅い穴を掘った。アジェテイとスキンボーンが手足を縛った白黒ヤギを引っ張ってきて、木の台に横据えにする。刃渡り20センチくらいのナイフを手に、ドキドキしているわたしを振り返り、アジェテイが英語で何か言った。

「これはみんなに薦めるわけじゃないけれど、……やってみる？」

「えっ!?　わたしが殺すの？」と焦っていると、ショコラさんが「『メレ子さん、アジェテイは『ヤギの血を素足に浴びるか？』って訊いてます。祝福の儀式だそうです」と通訳してくれた。ありがたく受けることにする。

アート・センターで買ったサンダルを脱ぎ、パンツのすそをたくし上げる。足裏に、太陽で熱された地面がほんのり温かい。職人たちが3人がかりで白黒ヤギを押さえつけ、カセブリッジを飲ませる。アジェテイが大きく反らしたヤギの首に刃を当てて力強く2往復ほどさせると、生温かい血がたらたらと足にかかった。漫画や映画のように、血飛沫が飛び散ることもない。ヤギは何度か痙攣したが、血といっしょに身体から生命が出て行くのに、十数秒しかかからなかった。わたしは、左足と右足の甲を順番に出して、血を浴びた。

万が一、首を切る役に指名されたとしても、殺すのは嫌だとは言えなかったと思う（わたしのために死ぬヤギだし）。だが、アジェテイの手つきが迷いなくとても鮮やかだったので、切ったのが自分でなくてよかったと思った。わたしでは、確実にヤギの苦しみが長引いていただろう。

工房の隅でバケツに水を汲んでもらって足を洗いながら、予想よりショックを受けているなあ、と思った。セレモニーといってもほとんど儀式らしいところはなかったが、血の温かさが足の甲に残っている。ベナンの十字路の神に捧げられるヤギも、こんな感じで死ぬのだろうか。わたしの酔狂のためにヤギが死んで、本当にいいのだろうか。

サチコさんたちが市場から戻ってきた。青とうがらし、ガーデンエッグという黄色いナスのような野菜、タマネギ、ニワトリ2羽、スパイス、キャッサバなどを抱えている。アジェテイ中心のヤギ処理班と、ビッグ・ママ中心の調理班に分かれ、一気にご馳走の準備が進みはじめた。

ヤギは直火で丸焼きにし、毛が焼けたらナイフで表面を削ぐ。切断した頭と足先は、火の中に入れたままだ。お腹を開けて内臓を出し、肉をばらす。ミノやハチノスを水洗いし、長い小腸も伸ばしながらしごいて中身を地面に掘った穴に捨て、くるくる巻いて縛った。肉といっしょに煮込みにするらしい。焼き捨てるのかと思っていた頭と足先も、水洗いして焦げたところを削っている。文字通り、余すところなく食べるつもりのようで、お金を出したわたしも嬉しい。

スティーブンの弟分の少年・ニコラスも、ニワトリを絞めるといって中庭の隅に持って行った。今度は足に血をかけられることもなく横で見ていたが、やっぱり手早い

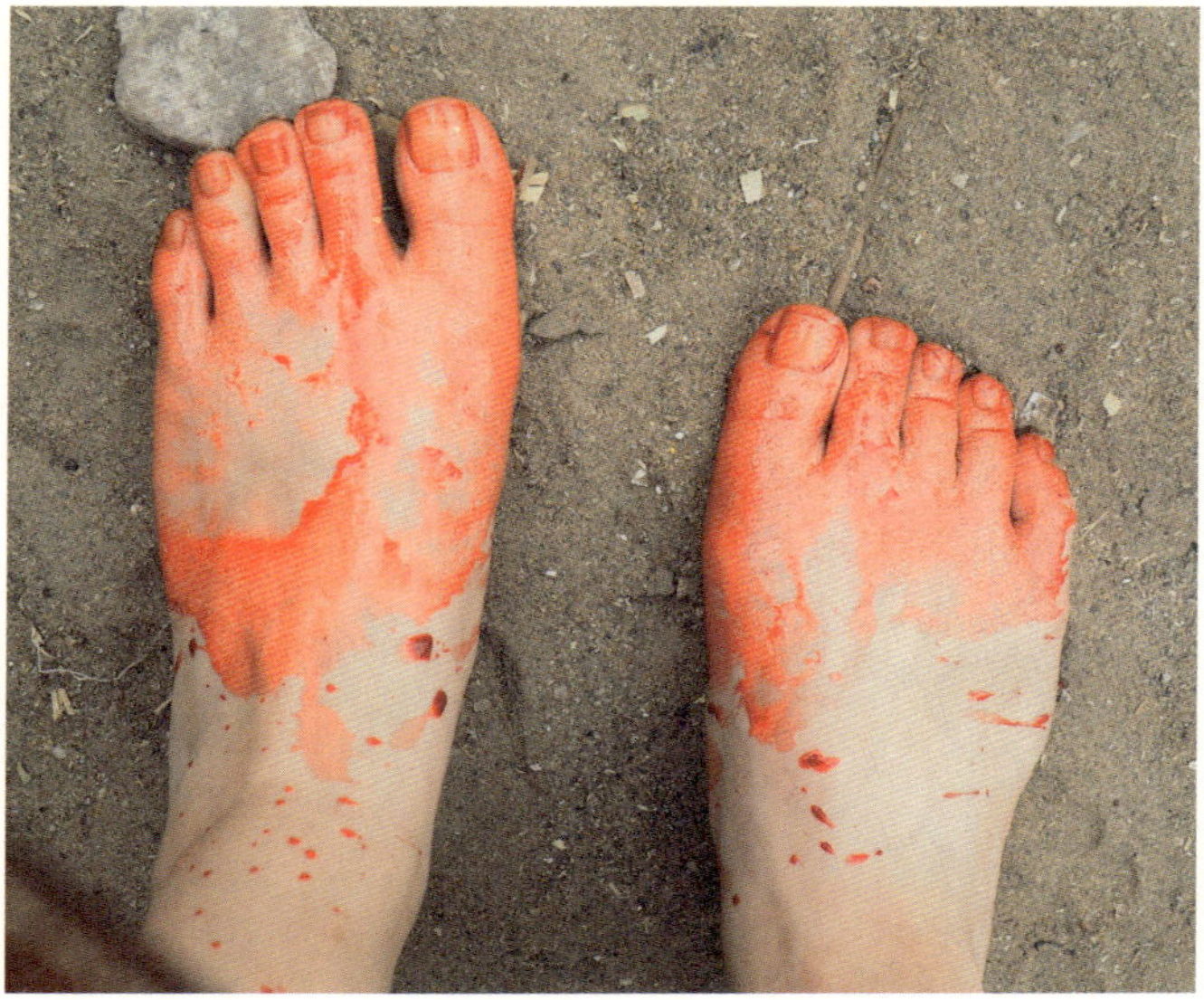

ヤギの血を浴びた素足

し、手慣れている。彼らにとってはこの作業は「生きものの命をいただく」とことさら強調するような特別なものではなく、ちょっと大がかりなご馳走の準備にすぎないようだ。

パーティの準備が進む中、カネ・クウェイ工房のオーナーであるCDさんにインタビューをさせてもらうことになった。最初に装飾棺桶を作ったカネ・クウェイの息子にあたる彼に、装飾棺桶の歴史について聞きたかったのだが、CDさんは忙しい人で、今日まで時間がもらえなかった。ガーナ人はみんな電話が大好きだが、CDさんは四六時中電話をしながら歩きまわっていて、工房にいないことも多い。

――あなたの父、カネ・クウェイさんについて教えてください。

「カネ・クウェイの父、アジェア・クウェイの兄が大工だったので、父は最初そこの工房で働いていた。その後独立してアクラに工房を開き、テシに移ったのが

1951年。場所はここの近くで、今は弟子のエローの工房があるところだ」

——カネ・クウェイさんが最初に作った装飾棺桶は？

「魚の棺桶だ。テシの町の漁師のためのもので、リーダーのような存在だったので家族も立派な棺桶にしたいと希望して、魚の形の棺桶を作った。

2番目に作ったのは、飛行機型の棺桶だ。ある女性が亡くなったときに、その人は飛行機に乗ったことがなかったので、飛行機の棺桶を作ったんだ。3つ目は、母方の親戚の男性にカカオの棺を作ってやった。その後、だんだん装飾棺桶が広がって行ったんだ」

——あれ？　わたしたちがここに来る前に調べてきた話では、カネ・クウェイさんが自分の祖母のために作った飛行機の棺桶が最初だということだったんですが……そもそも、最初の漁師さんはなんでそんな変わった棺桶を作ろうと思ったんでしょうね？

「遺族がそう望んだからじゃないかな？　棺桶について知りたいなら、『Going into Darkness: Fantastic Coffins from Africa』というフランス人が書いた本の英語版がで出てるよ」

CDさんがもっとカネ・クウェイの独創性や装飾棺桶のオリジンを主張するものと思っていたので、わたしたちは少し拍子抜けした。カネ・クウェイの直系工房としてもっと目立ってもよさそうなところ、海外向けの需要は別の弟子のパー・ジョーの工房がほぼ一手に担っている。この商売っ気のなさが、その一因かもしれない。しかし、商売っ気がないだけにこの話には信憑性があるようにも思える。

後日、あらためてショコラさんに調べてもらったところによると、やはり近年の研究でも装飾棺桶をはじめて作ったのはカネ・クウェイではないと考えられているそうだ。ガ族の長老たちの使う装飾輿（Figurative Palaquines）をもとにキリスト教徒たちが棺桶をオーダーしはじめたのが装飾棺桶のはじまりであり、アタ・オコという人物が最初期に制作していたという論文も出ている。

——CDさんは、ずっと棺桶工房の仕事をしているんですか？

「小学生のころから手伝っていて、30年近く働いていたんだけど、1996年にイタリアのボローニャに1年間出稼ぎに行ったよ。帰国後にカネ・クウェイが亡くなったので、そこから工房の仕事にいっそう本腰を入れるようになったんだ」

——この工房では棺桶だけを作っているんですか？年間いくつぐらい？

「今は棺桶だけだな。月に10件くらいオーダーがあるよ。海外からのオーダーは10～20個単位で来るから、年に何個かははっきり言えないけれど」

——クリスマス休暇で帰省している人もいるみたいですが、職人は何人いるんでしょう。

「息子のアジェテイは職人で給料をもらっているけれど、カカオ、スキンボーン、スティーブンら6人の弟子は無給の見習いだよ。カカオとスキンボーンはテシ出身なんだけど、この辺の子はなかなか働かなくてね……、あとは外部のペインターや彫刻家が4人くらいいるよ」

——現在、装飾棺桶の工房はいくつあるんでしょう。

「カネ・クウェイ、パー・ジョー、ニー、ティティ、パオリー、エロー、テイ、テテの8つかな。そろそろいいかな？」

——待って、最後にひとつだけ！　今日のヤギのセレモニーは、昔からの習慣ですか？

「いや、棺桶を作る人がみんなあそこまでやるわけじゃないよ。普通は50セディと、職人にアペテシエを振る舞うくらい。アジェテイがメレコの足にヤギの血をかけた？　それは何かを習得した人に対するお祝いだね。普通は見本と似たような棺桶を注文するだけでデザインまではしないけど、メレコは自分でデザインした棺桶を手に入れたわけだから。工房の隅に、洗剤の容器の形の棺桶があるだろう。あれを作ったのはフランスから来た美術専攻の学生だったけど、彼女が帰るときにもヤギをつぶしたんだ」

あっ、やっぱりヤギは必須じゃなかったんだな、この

棺桶工房のオーナー・CDさんと。右はコーディネーターのショコラさん

野郎、とわたしは思ったが、ヤギはすでにわたしの人生の貴重なひとこまとなっていたので、文句は言わなかった。クリスマスも作業してくれた無給の弟子たちに、おいしいものを食べさせてあげたいし。

近くのアートギャラリーにおみやげの買出しに行ってから工房に戻ってくると、スパイスのいい匂いが立ちこめている。ヤギ用の辛い味付けのスープと、ニワトリ用のトマトソースがそれぞれ煮えていた。湯がいたキャッサバとプランテーンを機械で半搗きにして、さらに臼で搗いて餅状のフフを作る。ニワトリはスパイスたっぷりで揚げて、トマトソースと合わせるらしい。米も大量に炒めてから鍋で炊いている。ふだんから食べ物を売る商売をしているだけあり、どう見てもプロの域の料理だ。

ビッグ・ママが、ヤギ入りのライトスープとフフをよそってくれた。肉にかぶりついてみると臭みもほとんどない。スパイスをどっさり入れて煮こんでいるからだろう。ついたままの皮は、プルプルしていて豚足みたいな味わ

1

3

2

4

1ヤギパーティの調理を取り仕切るビッグ・ママ　2フライドライスを添えたトマトソースのチキン　3ヤギ汁と搗きたてのフフ　4棺桶工房の職人たちと、ヤギ汁を囲んでビールで乾杯いがある。数時間の解体と調理を経て、あの白黒ヤギは今「生きもの」から「おいしいもの」へ完璧に遷移していた。搗きたてのフフも、ほんのり甘みがあって最高だ。

ヤギ汁ができたのを潮時に、ビールを開ける。集まってきた職人や弟子たちを見ると、何人かがここに来たときに差し入れした手ぬぐいを身につけてくれていた。ふだんは見ない若者は、アジェテイが「今日はパーティだぜ」と言って呼んだ親戚らしい。

ビッグ・ママが、洗面器に入れたヤギ汁を運んできた。お月様のように巨大なフフも入っている。彼らがヤギとフフを堪能しているのを見て、わたしも「たんとお食べ……」という気持ちになった。

それにしても、働き者のスティーブンの姿が見えないのが気になる。近くの彫刻家のところに、棺桶につけるメレ子人形を取りに行っているらしい。棺桶がほぼできあがった今、残るは人形のみだ。

わたしの写真をもとに、ポテトチップスの袋を開けるメレ子人形を作ってもらうことになっているが、どんな仕上がりだろうか。スティーブンの分のヤギ汁を取っておくように、ママに頼んでおかないと……と思っていると、スティーブンが人形を抱えて戻ってきた。

人形を見たメレ子・ショコラ・サチコの3人は口を揃えて「アフリカ!!!!」と叫んだ。

「顔立ちも髪型もガーナの人や……」

「メレ山さんがこんなに安産型の腰に……」

彫刻家にちゃんと資料を渡さなかったのか、渡した結果がこれなのかは不明だが、アフリカンスタイルに成り果てたメレ子人形を前に笑いが止まらない。明日日本に帰るのに木地のままだが、仕上げと彩色はスティーブンがやってくれるらしい。「ポニーテールをわたしの髪型に直せる?」とお願いすると、「オッケー」と言ってガンガン削りはじめたが、途中で腕がボロッともげた。「大丈夫、あとでつけるから」と平然としている。

ヤギ汁に手もつけず作業するスティーブンを申し訳

ない気持ちで見ていると、揚げたチキンのトマトソースとフライドライスも運ばれてきた。ひと口食べて「んんっ！　うまい!!　ヤギもうまかったけど、チキンはさらにうまい！」と叫んでしまう。ガーデンエッグや香味野菜のピューレがトマトソースにコクを出していて、スパイスで揚げたチキンと最高に合う。「ガーナのご飯は、日本人にとっては単調であまりおいしくない」と聞いていたが、この日のガーナ料理は今でももう一度食べたいなと思い出す味だった。

念入りに火を通されたヤギの頭蓋骨も、スープの中にゴロンと入っていた。わたしの棺桶のために死んだヤギだ。何か記念が欲しいなと思い、「持って帰ってもいい？」と訊いた。長時間焼かれたり煮られたりしたヤギの頭骨は、スパイスのオレンジ色がまだらに染みついてなんとも香ばしい匂いだったが、愛想のない少女が仏頂面のままで丁寧に洗ってくれた。

今日は棺桶の梱包までやる予定だったはずだが、人形をせっせと仕上げているスティーブン以外は、ヤギを食べてビールを飲んですっかりひと仕事終えた感じになっている。結局、丸1日かけてヤギを食べただけの日だった。しかし、ガーナで過ごした中でいちばん意義深い日だったような気もする。

ヤギの頭蓋骨はビニール袋に入れてホテルに持ち帰ったが、「動物の頭骨は、加熱していても動物検疫が必要です」とTwitterで忠告を受け、結局処分することにした。

12／29（火）滞在10日目（最終日）

いよいよ、ガーナ滞在最後の日。工房に行くと、スティーブンがメレ子人形に色を塗っていた。結局、昨日のご馳走はちゃんと食べたのだろうか？

「これ、今日中には乾かないだろうし、ショコラさんが1週間後に帰国するからそのときに持って帰ってもらうよ。だから、そんなに急がなくても大丈夫」

と伝えたが、「うん、分かった。でも今日やれるところまではやるよ」と手を止めない。せめて何かお礼をあげたくて、筆談をするかもと思って買ったが結局使わなかったスケッチブックを渡すと「いい紙だね！」と喜んでいた。絵が上手で真面目なスティーブンは、そのうち独立して立派なペインターになるのだろうか。

弟子の中でも若いスティーブンと、スティーブンにいつも弟分のようにくっついているニコラスのコンビは、わたしたちといちばん仲良くなってくれた。

「サチコさん、スティーブンやニコラスを見てると弟ってこんなものかなって思いますね。かわいい……」

「おいしいものを食べさせたくなりますよね。でも、ガーナの出産年齢的にわたしたちは姉っていうより母親でもおかしくないのでは……」

「ヒィッ」

傍らでは、棺桶に内張りをする作業もはじまった。ふわふわのウレタンフォームを棺桶の中にタッカーで固定し、さらにその上からＣＤさんが買ってきた金色の布をタッカーで留めている。ずいぶんざっくりしているが、本来一度だけ使って埋めてしまうものだから、こんなものなのだろう。

棺桶のフタと胴体部分をそれぞれ、ウレタンフォームと茶紙で包んだ。近所のスクラップ工場から吊り秤を借りて最終的な重さを量ったが、どちらも重量・体積ともに、エミレーツ航空の預け手荷物制限の基準内（重量32キログラム／3辺の合計が300センチメートル以下）だ。このまま飛行機に積めれば、貨物便で送るよりかなり節約できる。

梱包作業を待っていると、工房に来ていたガーナ人の男性が「ガーナの葬儀に興味があるのか？　死体の写真を見たいか？」と話しかけてきた。懐から出した大判プリント写真には、豪華なドレスを着て座って書き物をするおばあさん、ミシンをかける中年女性など、まだ生きているかのようなポーズを取らされた死体が写っている。中には明らかに死斑が出ているものもあって、ちょっと怖い。

1

3

2

1カネ・クウェイ工房の前での記念写真　2メレ子人形の仕上げに余念がないスティーブン。近所の子供たちが絶えずまわりに群がっている　3超アフリカンにされてしまったメレ子人形アジェティは見慣れているのかと思えば「悪趣味……」と渋い顔をしている。しかし、バイク型の棺桶にまたがる中年男性の写真を見て、装飾棺桶がどのようにガ族の葬儀に組みこまれるのか、少し分かった気がした。裕福な人や社会的地位の高い人のお葬式では、故人の生前の威容をとにかく徹底的に視覚化するのだろう。棺桶は、その小道具のひとつなのだ。

わたしにとってのポテト・コフィンは、もちろん栄耀栄華の表れではない（栄耀栄華を極める見通しも、今後まったくないし）。だが死ぬときには「好き勝手に生きて幸せでした」と周囲に伝えたいし、そう伝えられるように生きたい。

ニコラスやスティーブンと、電話番号を交換する。今後もWhatsAppなどのＳＮＳでやりとりできそうだ。がっちり使いこまれた万力や鉋、作りかけの棺桶、中庭のテーブルの下で折り重なって眠る猫、カメラを向けるだけで大はしゃぎする子供たち。工房のいろんなものが忘れがたくて、たくさん写真を撮る。

いつも工房中を闊歩している雌鶏が用具入れの上から降りてこないのでのぞいてみると、卵がふたつ、ごろんと転がっていた。昨日ヤギやニワトリを殺して食べた同じ場所で、また性懲りもなく生命が生まれている。不思議な棺桶を次々に生み出す棺桶工房が、こんな形で生も死も身近な場所であることは、実際に来てみなければ分からなかった。

アルバートさんの車に棺桶を積みこみ、通い慣れた工房に別れを告げた。

結局、棺桶は飛行機に積んでもらえなかった。エミレーツ航空のチェックインカウンターで、制服がはち切れてボタンが取れんばかりの恰幅のいいおばさんに「こんなの運べるわけないでしょッ」と撥ねつけられたのだ。

「ウェブサイトに書いてあったルールは守ってるんだけど」

「そんなもんは知らない」

「ほら、ここ……（スマホを見せる）」

「何か書いてあるけど、我々には関係ない」

「アクラのエミレーツオフィスの人にも確認したのにー！」

「アクラのオフィスが何を言ったか知らないが、我々がルールブックだ。ややこしいものを運ぶときには、まずここに来て確認しないとダメだ」

多少粘ったものの、すべてが思い通りにならないことにいい加減慣れてきていたので、空港近くのエミレーツスカイカーゴのオフィスに向かった。駐車場をウロウロしている仲介業者のおじさんに声をかけ、オフィスで通関用の書類に記入する。おじさんとショコラさんが棺桶を携えて貨物倉庫に向かい、わたしとサチコさんはアルバートさんの車で銀行に行き、窓口で５５００セディ（約17万６０００円）をキャッシングした。棺桶をかなりコンパクトにしたおかげで、貨物便でも当初の予想の半分ほどの金額に収まった。

こんなこともあろうかと、出発４時間前に空港に来ていてよかった。ショコラさんによれば、仲介業者のおじさんが手腕を発揮して通関手続きをすごい勢いで進めてくれたらしい。おじさんに輸送費用と手数料を支払い、やっと飛行機に乗ることができた。何しろはじめての手続きで、めちゃくちゃ疲れた。


飛行機に乗ると、どんどんガーナの大地が遠くなっていった。本当に楽しかったが、正直言ってもうだいぶ日本が恋しかった。電車でどこにでも行けて、手軽にひとりになれて、自分で殺さなくても調理されたお肉が食べられて、外国人の女だからといちいち吹っかけられずに定価でなんでも買える場所に帰りたい。

連れて帰れなかった、わたしのために死んだヤギの頭蓋骨のことを考えた。職人が頭蓋骨をつかんで吸いつき、細かい肉も残さず食べていたのを思い出す。あんなに大きな生きものを買って殺して、大勢で時間をかけて食べ尽くしたのははじめてだ。それが処理された肉を買って食べるより高尚なことだとか、現代人は

生きているときのようにポーズをつけられる遺体

完成した棺桶に入る

1

2

3

4

5

6

ガーナで買ってきたおみやげの一部。クラウドファンディングで支援してくれた方々へ

1 コートジボワール・バウレ族の戦士の仮面（プレプレ）。この表情のとりこになり、サチコさんと大量に購入してしまった。赤い小さなプレプレは、メレヤマンションの守り神になっている **2** 素焼きのゾウや人面貝の壁かけ **3** カバの置物 **4** サル（?）の置物。1～4はすべて、棺桶工房の近くにあるArtists Alliance Galleryで購入。ガーナの古美術からファイン・アートまでを扱う3階建てのギャラリー。装飾棺桶も大量に展示されている **5** ガーナの路上で売られているウォーターバッグをリサイクルし、縫い合わせて作られた「TRASHY BAG」。www.trashybags.org/ **6** マコラ・マーケットで買った布で作ったクッション

文明に毒されて大切なものを見失っているとか言うつもりはない。でも、今体に残っているこの充実感は、なにわホネホネ団で動物の死体を標本にしたときの感覚に似ているかもしれない。

残さず食べて満足するのは、あくまで人間の側の理屈だ。残さず食べてもらったからって、ヤギの魂が浮かばれたり浮かばれなかったりすることはないだろう。ヤギは死ぬ最後の瞬間まで、死にたくないと思って暴れていただけ。とてもシンプルだ。

わたしもヤギと同じくらいシンプルに、必要に迫られれば迷わず生きものを殺して食べ、無駄なことで悩まず、死ぬ瞬間まで全力で死なないために生きていたい。それができていたら、ガーナまで棺桶を作りに来ることはなかったのかもしれないが……。

これで、ガーナの旅の記録はおしまいだ。長々と書いてきたが、わたしがやったことは「ちょっと奇抜な棺桶を注文制作した」だけだ。この装飾棺桶が、ヤギの血の祝福を受けるにふさわしい人生の一部になるのか、単に図体のでかいお買い物になるのかは、今後のわたし次第。

アフリカからやって来た棺桶の次の置き場所は、わたしの新しい、まだ出来上がっていない住まいになる。そのことについては、章をあらためて書いていこうと思う。

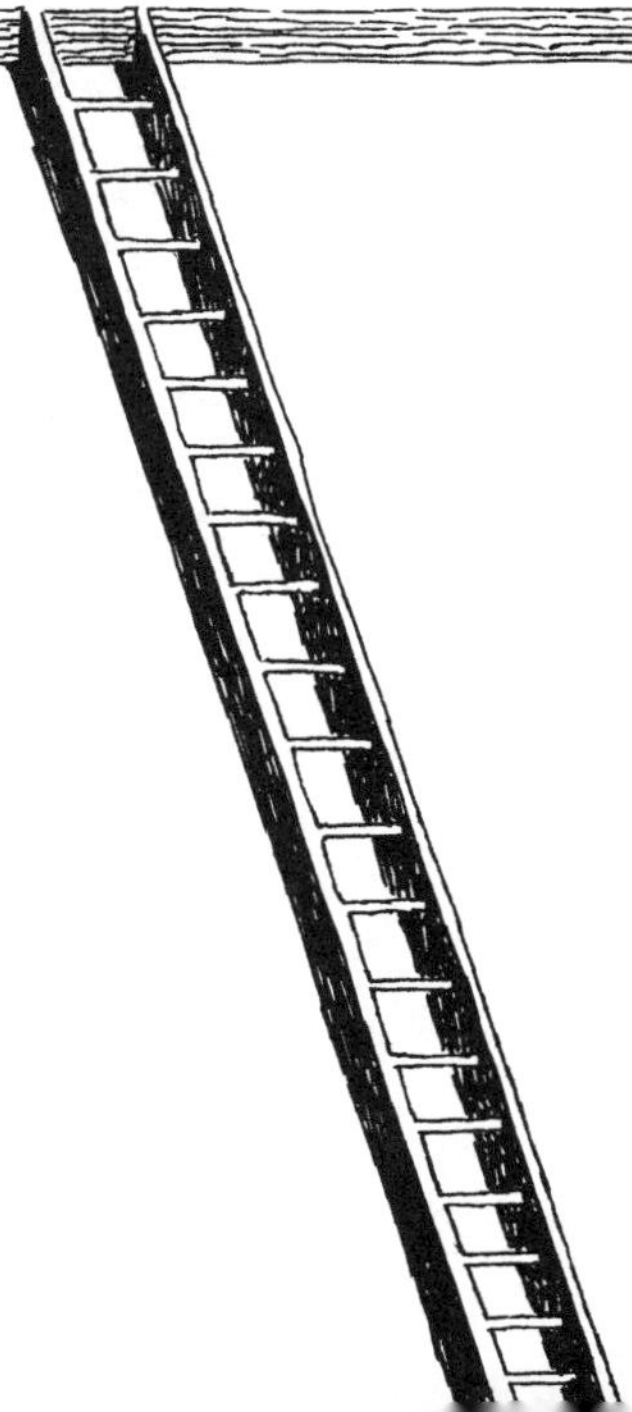

新しい故郷

12

物心ついたときから、片方には山、もう片方には海があった。

わたしの故郷、大分県別府市は、由布岳《ゆふだけ》・鶴見岳からはじまる扇状地の上にできた町だ。家の前の急な坂をずっと下っていけば、その先は穏やかな別府湾に続いている。

東京に出てきたとき、山と海のどちらも見えない暮らしにすごく違和感があった。旅行に出ても同じだ。険しい谷あいの村、頭を揺さぶる風が吹く外海の島、都会の下町。どこに行っても故郷の風景を思い出して比べてしまう。まるで、目の前の景色と間違い探しをしているかのように。

こうして書くと故郷が大好きなようだが、帰省の足は重い。ここ数年、連休は本の取材や海外旅行やイベントに消え、帰省は完全にあと回しだった。２０１６年の2月、4連休が取れそうだし大分に帰ろうとふと思い立ったが、その前は、と確認してみるとなんと3年前だった。

家族と仲が悪いわけではない。むしろ大人になってからのほうが、親も不完全なひとりの人間であることを理解し、新たな長所を見つけてもいる。でも、大分は遠い。いつでも帰れるという甘えが、足を遠のかせる。そして山の緑と海の青の間に広がる灰色の町並みには、思い出したくないこともたくさん詰まっている。


大分空港から別府市までは、バスで40分ほどかかる。別府国際観光港で途中下車した。フェリーの発着所に展示されているはずの、マイケル・リンの壁画を見ようと思ったのだ。

2階建てのがらんとしたフェリーターミナルをしばらく歩きまわったが、見当たらない。乗船窓口の男性職員に訊くと「作家さんのご厚意で展示を延長していたんですが、半年前に撤去されました……」と、すまなさそうに教えてくれた。

がっかりしたが、このフェリーターミナル自体が懐かしい場所だ。港には大型フェリー「さんふらわあ」が停泊している。白い船体に描かれた太陽のマークは、小さいころから馴染み深いものだ。京都に住んでいたころ、ひと晩かけて大阪から別府に向かう便をよく利用した。小さいころ、妹と共に父に連れられて愛媛県の宇和島に渡ったこともある。瀬戸内海を行き来する船は揺れも少なく快適で、「船に泊まる」というちょっと特別な体験に、いつも心が躍った。温暖で穏やかで、漁船や客船やタンカーなどの船がたくさん行き来していて、生活のための海の道という感じがする。そんな瀬戸内海が好きだ。

実家に帰る前に、温泉に行くことにした。別府は、どこでも掘れば温泉が涌いてくる世界規模の温泉地だ。格安の公衆浴場や、源泉をじかにお風呂に引いている家も多い。実はわたしの実家もそうなので、住んでいたころはわざわざ外の温泉に入りに行く気がおきなかった。

東京や旅先で「別府の出身です」と言うと、だいたい「いいところですね!」と返ってくる。温泉地のイメージのみで言っている場合もあれば、「昔、修学旅行で地獄めぐりや高崎山に行った」という人も。工芸作家さんが、最新のアートスポットについて教えてくれたりもする。

しかし、わたしはあまりうまく切り返せない。地元すぎて、外向けの情報をよく知らないのだ。

大学入学以降は別府で過ごしていないから、おいしいお店も紹介できない。よその土地を旅行するときは、がつがつ観光スポットを回っているのに。故郷に無知なことがだんだん恥ずかしくなってきて、有名な竹瓦《たけがわら》温泉くらい体験しておこうと思ったのだ。

竹瓦温泉は、別府駅の東側の北浜というところにある。砂湯と温泉のセットをお願いすると、まずは砂湯に通された。浴衣を羽織って砂むし場に横たわると、砂かけのお姉さんが体の上にシャベルでこんもり砂をかけてくれる。「このまま15分おきますね」とのことだ。

首だけを残し、温かい砂にぎっちり包まれる。2階建ての高さの格子天井に湯気が昇って、天井付近のガラス窓から入る陽射しにゆらめいている。背中からじわじわと熱が伝わってきて気持ちいいが、腰にかなりの重量がかかるので腰痛持ちにはおすすめできない(正直言って、ちょっとつらかった)。

砂湯の次は温泉だ。古い温泉の浴槽は狭く、お湯は飛び上がるほどに熱い。じりじりと体を沈めても、誰かが入ってきてお湯が動くと「うっ」と呻いてしまうほどだ。だが、地元のばあさんたちはお湯を水でうめることを絶対に許さない。年を取るほど皮膚感覚も鈍感になっていくので、温度耐性は年々上がっていくのである。

竹瓦温泉のまわりの路地も歩いてみる。わたしが小学生のころはかなりの店がシャッターを下ろしていたアーケードに、町おこしの成果か活気が戻ってきて、飲食店が増えているみたいだ。ちょっとお茶を飲みたくなるような、かわいい喫茶店も増えている。町のあちこちに、別府現代芸術フェスティバル「混浴温泉世界」を通じて作られた作品や壁画も見られた。

アートNPO「BEPPU PROJECT」が運営しているお店「platform04 SELECT BEPPU」に行ってみた。築100年以上の長屋で、大分名産の竹細工などのセレクトグッズを販売している。港では見られなかったマイケル・リンの壁画と対になるふすま絵を、ここの2階で見ることができた。空色の波模様の上に、台湾の伝統的な文様だというピンクの花が鮮やかに咲いている。2009年に「混浴温泉世界」に出品されたものだ。

こういうモダンで美しいものが小さいころから自分の町にあったら、当時のわたしはどう感じただろう。そう思うのは、第4章にも書いた2015年の夏に行った越後妻有の芸術祭の記憶のせいだ。

最寄りの本屋まで歩いて20分かかるような町に芸術家が来て、土地を観察し、その一角に何かはっとするようなものを嵌めこむ。彼らは古い家やものを、しばしば土地の人よりもストレートに評価してくれる。そういう作品は懐かしさと同時に「外」につながる自由さを感じさせ、客として見る分にはとても好きだ。しかし「中」にいたらまったく同じように楽しめるだろうか、という問いも必ずついてくる。「中」から自由でいたかった気持ちと「中」から逃げ出したうしろめたさが、自分の中にあるからだ。それは抜けかけた歯を指でぐらぐらと揺らしてみるような、血の味がするけれどやめられない確認作業だ。

バブル崩壊と共に温泉街から灯が消え、そのあとの個人旅行ブームにも後れを取っていた別府の町に賑わいが戻ってきているのは、2000年に別府市内に創設された立命館アジア太平洋大学（略称：APU）の影響も大きい。市内といっても山の中腹にあり「別府のマチュピチュ」とも言われているが、学生の半分は海外からの留学生だ。彼らは別府市内の賃貸住宅やアルバイト需要を支えるだけでなく、外国人観光客の対応なども行って、町に活気をもたらしているのだそうだ。

今の会社に入ったとき、同期にAPU卒業生の韓国人の男の子がいた。同期が何人か大分に遊びに来ることになり「いっしょに来る？」と尋ねると、「無理。帰れない」と言われた。「友達と行った温泉とか、原付に乗って通ったバイト先とか、懐かしすぎる。無理。今行ったら、帰れなくなる。ここで頑張れなくなる」

研修中はいつも「メレ子、漢字よく知ってる！　メレ子は僕の漢字の先生！」と明るかった彼の目に、涙が浮かんでいた。彼にとって、学生時代を過ごした別府はすっかり韓国に次ぐ第2の故郷になっているんだな、と思った。彼が思い出しているあの町は、わたしの記憶よりずっと現在に近く、ずっときらめきに満ちている。

そう言えば、研修中にカラオケに行ったら彼が「この歌、すっごい好き！　漢字の先生にこの歌を捧げるよ！」と、マイクを取って歌いだしたことがある。「えっ、歌を捧げられるなんてはじめて」といい気分で聴いていると「WELCOME ようこそ日本へ～」と歌いだしたので、ずっこけながら「立場逆だろ！」と突っこんだものだ。ＳＭＡＰの「Dear WOMAN」という曲だった。

駅前で買ったケーキの箱を提げて、バスで実家に帰った。父は仕事に出ているし、母も日中いないことは聞いていたので、鍵のかかっていない玄関のドアを開けて中に入る。すると、リビングの座布団で小柄な猫が寝ていた。猫の「シャチ」だろうか、と思ったが、手を伸ばすと不可解そうながらも触らせてくれる。シャチは人間不信気味の猫で、知らない人が大嫌いだ。この家を巣立った娘たちもシャチにとっては異物なので、帰省するといち早く逃亡し、数日姿を見せないことも多かったはず。

「アンタ、それはシャチじゃないよ、アンタがおらん間に来た猫のミル（海松）ちゃんよ」

こたつでみかんを食べながら猫とゴロゴロしていると、帰ってきた母にそう言われた。

「シャチは人間不信やけど、ミルは猫不信なんよ。野良のときに猫にさんざん虐められて震えてるところを連れてきたら、鯛ちゃんに睨まれただけでおしっこを漏らしたわ。家からは一歩も出ようとせん」

鯛ちゃんというのは実家でいちばん古株の猫で、さらにうつぼちゃんという計４匹の猫がいる。わたしが小学生のころから常に３〜４匹の猫が家にいるが、どれももとは近所の捨て猫だ。

帰省しても、地元の友人には連絡しない。Facebookでは小学校や中学校の同級生ともつながっているが、ニュースフィードに流れてくるのは第2子や第3子の七五三の写真などで、時の流れにめまいがする。ネットで知り合った人の子供の写真には「大きくなったねぇ……」と素直に感動できるが、小中学校の同窓生の飲み会写真を見ると、人間関係の地続き感に恐れをなしてしまうのだ。

わたしは大学進学に伴い上京するまで別府に住んでいたが、別府の学校に通ったのは中学までだ。田舎の公立中学校で「成績のいい女子」であることは、居心地のいいものではない。「大分市の高校に行けば、人間関係はリセットされるのだからどうでもいい」と思うことにした。

その私立高校の進学コースには県内各地から生徒が集まっていて、クラスメートたちも全国の有名大学に散らばって行くことを自然と受け入れていた。朝から晩まで勉強漬けで部活などの青春っぽい活動とは無縁だったが、何かがちょっと得意だからという理由で煙たがられたりしないという点では、中学よりよほど健全だと思った。今思えば、「いつかは出ていくからどうでもいい」という傲《おご》りも、地元に残る子たちからは見透かされていたに違いないけれど。

Facebookに出てくる地元が怖いのは、一度も人間関係のリセットボタンを押していない人たちの博覧会のように思えてしまうからだ。地元を離れ、何度かコミュニティを変えながら暮らしてきた結果として、自分がより自分でいられる場所を探しつづけ、そうでない場所や人からは全力で逃げることの大切さを痛感している。しかし、リセットボタンは一度押すと癖になるのもまた事実。

進学や上京でコミュニティが分かれてしまった人とのつながりは、かなりのマメさをもって維持していかないとすぐに切れてしまう。情の薄さや怠惰さから、自分を豊かにしてくれたはずの糸もちぎれてしまったなと思う。


故郷で会いたい人は家族だけになってしまったが、これも全員が揃うことはまれだ。わたしには年の離れたふたりの姉と、ひとつ違いの妹がいる。成人してからというもの、国外を含めてばらばらに暮らす四姉妹が一堂に会するのは、何よりお葬式の場が多かった。

同居していた父方の祖母の葬式は、この家から出した。子供のころ、姉妹の中でいちばんかわいがられたわたしがいちばん悲しむべき筋だったが、晩年はずっと避けていた。母と祖母の嫁姑関係も良くなくて、祖母の愚痴や恨み節、年代によるものかもしれないが差別的な発言は年を取るにつれてひどくなり、耳に悪いものを流しこまれるように思えてならなかった。

父方の祖母の死後しばらくして、母方の祖父が亡くなったときは、福岡の葬祭場に親戚一同が集まった。お通夜が終わったらビジネスホテルに泊まって翌朝から告別式、火葬を済ませたら初七日の会食。一連の手続きに身を任せていると、非常時にこそしち面倒な手順を踏むことで心を落ち着かせる効果があるのかもしれない、と思える。祖父は大往生といってもいい年だったので、大きく取り乱している者はいなかったが。

「こん子は昔から性格がきつうてねえ、かわいげがなかねえ」

祖母が親戚との世間話の中で、大声で母を評するのを見たわたしたち姉妹は「誰に似たんやろうね」と小声で毒づいた。東京にいると、たまに「九州って男尊女卑がすごいんでしょ？」と訊かれたり、実際に九州出身の女性から「女は勉強なんてしなくていい、県外に出るなと言われた」と聞くこともある。進学校だった高校でもそうだが、家でもそんなことは一切言われたことがない。それは、母が男きょうだいの中でさんざん「そんなこと」を言われ、悔しい思いをしてきたからだろう。

「きょうだいの中で差をつけられたことは、大きくなっても忘れられんもんよ」と、母は今でもこぼす。母が娘たちに厳しく勉学を仕込んだのは、自分の轍を踏ませないためはもちろんだが「ほら、こんなに立派な孫を育てましたよ」と祖父母に誇りたい気持ちもあることに、わたしたちは薄々気づいていた。

その祖母も、今はもういない。


翌朝、父が庭に置いた鳥のえさ皿にヒマワリの種を足しに行った。

「いい鳥が来るの？」

「全然来よらんわ。猫がおるけん」

ゴルフと読書が趣味だった寡黙な父が野鳥に目覚めたのは、ここ10年ほどのことだ。ある日、庭に来たジョウビタキを望遠レンズで撮影したら、山並みと朝日を映したつぶらな瞳に魅入られてしまったのだという。毎週川に行き、カワセミやヤマセミのベストショットを撮るために何時間も粘るようになった。

2番目の姉が「熱帯の鳥を撮らせてあげたら喜ぶのでは?」と提案し、父と娘たちでボルネオに行ったのが5年前。ボルネオではガイドに高山帯に連れて行かれ、あまり熱帯らしい鳥は見られなかったが、父は楽しんでくれたらしい。それから毎年、主にタイに通って野鳥を撮りつづけている。この原稿を書いている今も、LINEにタイの蝶や料理の写真が送られてくる。

生きもの好きでつながるコミュニティは、わたしの大きなテーマのひとつだ。葬式のときだけ集まる家族を、生きものが再びつなげてくれたから、というのもその大きな理由である。父や姉たちと旅先で虫を探すのは、子供のときの毎夏のキャンプの記憶よりもさらに鮮烈に楽しい。

生きもの好きの交流には、年はあまり関係ない。パソコン通信のころからネットに親しんでいた父だけでなく、母も娘たちの近況を知るためにSNSを駆使するようになったが、そのうち昆虫研究者や造形作家とも独自に連絡を取りはじめた。最近では大分に調査に来た若手研究者を家に泊め、困惑させるほど過剰におもてなしすることもあるらしい。この奇妙な輪が、ずっと続いていけばいいなと思う。

こたつの上のiPadからポーンと音がして、母が「今日の分が来た!」とiPadにかじりついた。メレ山家の初孫であるわたしの甥っ子の写真を、妹がiCloud経由で送ってきているのだ。母は毎日写真を送ってもらっているだけでなく「今日はこれだけか」とさらなる要求をすることもあるらしい。恐ろしい。

iPadで長い時間をかけて「かわいい」とコメントを入力している母を見ると、娘が4人もいて、孫がひとりだけですみません……という気持ちに多少はなる。わたしは子供が欲しいと思ったことがないので、実際には頼まれても無理なのだが。

昨年末のイベント「いきもにあ」で、妹夫婦が連れてきてくれた赤ちゃんにわたしと姉も会えた。メレ山家の人々は赤ちゃんに歓喜し、いっしょに写真を撮りまくった。マメコ商会のブースを手伝ってくれていた次姉の友達が、商品の中から子供用のかわいいTシャツを選んでくれて、甥っ子に着せてさらに盛り上がった。

赤ちゃんは触るとびっくりするくらい熱くて、笑っていても泣いていてもそこにいるだけで周囲を虜にした。なんて高エネルギーでありがたい感じの生命体なんだろう、と感じたのを思い出す。

わたしはこたつで、新しい家の間取り図をグリグリ書きはじめた。年末に購入を決めた都内のマンションは、はっきり言ってオンボロである。多額の借金をしてまで買っていいものかどうか、不安しかない。だが、ガーナの珍妙な棺桶と同じく、今のわたしにとっては東京で踏んばるために必要なものなのだ。

南東からたっぷり入る陽射し、リビングに面したキッチン。寝室は思いきって寝るだけの空間にして、ベッドのまわりはふすまで仕切ろう。素敵な壁紙を貼れば、狭い空間でもかなり印象が変わるはず。

「狭いんだから、できるだけ引き戸にしんさい」

母が激しく口を出してくる。言われなくても、わたしの住まいの原型はここだ。母がその昔、近所をうろついて好みの家に突撃し、設計士の名前を聞き出して引っ張ってきて作った思い入れ深い家。おしゃれな吹き抜けのせいで冬は死ぬほど寒く、子供には恐ろしい暗がりがいくつもあった。ドアや仕切りの少ない、今でこそ流行りの間取りも、プライバシーを保ちたい思春期には恨めしかった。でも、学校から帰ってくるとキッチンのカウンター越しに、母にその日あった事件を逐一報告していたものだ。


母方の祖父は、福岡県の大牟田《おおむた》にあった三井三池炭鉱の叩き上げだったらしい。

祖父が亡くなったあと、母は自分が育った生家の土地を譲り受けた。祖父母が住まなくなってから人に貸していた家を母と見に行くと、そこは愛のない住人によってゴミ屋敷と化していた。家の中はゴミであふれ返り、ペットボトルや漫画雑誌が山と積んである。家の外で伸び放題のスイセンだけが、美しく咲いていた。ゴミ屋敷でなかったとしても、二束三文の土地だ。

母がなぜここを望んだのか、正直納得がいかなかった。

1年後に再び訪れて、驚いた。家を暗く陰鬱にしていた壁や屋根はすべて取り除かれ、明るく開放的になっている。トイレはコンポスト、お風呂は五右衛門風呂。何より変わったのが、台所の位置だ。以前は居間や客間から死角にあり、土間とつながっていて寒々しかった。古い家にありがちな、女を押しこめておく場所の象徴みたいな台所。それがリビングの真ん中に移り、家の主役になっている。家の骨組みは残し、かなりの低予算でやってのけたらしい。

別府からは車で2時間かかる場所だが、母は今でも隔週末ごとにここを訪れている。草刈りや庭木の手入れをしたあと、居間に据えつけた小さな薪ストーブを眺めながら、ビールを飲んで眠りにつく。

「YouTubeっちゅうのは、なんでも分かってなかなか便利なもんやね」と言うので、何を検索したのか訊いたら「ブロック塀の壊し方を調べた」という。近所の人から機械を借りてきて、敷地内の塀を粉砕したらしい。動画投稿サイトを、わたしよりよっぽど有用に活用している。

自分が出てきた場所に対する落とし前のつけ方には、こんな形もあるのか。いい思い出ばかりではない場所も、生まれ変わらせて自分の王国にしてしまった。

写真を見ていて、母が生家から別府の家に引き継いだものが分かった。庭に面した縁側と、広い窓。元捨て猫たちがこよなく愛する、日当たり最高の場所だ。わたしはこれから作る自分の家に、何を持っていけるだろうか。

最近、自分にとって「遠くに行く」とはどういうことなのか、よく考えている。

この町に住んでいたころ、いつかここを出て行くことが自分の原動力になっていた。今は大変でも、嫌な言葉に遭っても息が詰まりそうでも、すべては別の町で自由に暮らすためにある。東京に出てきてからも、ここだけが自分の居場所だとは思いたくない。日本や世界のいろんな町で暮らす自分を、毎日のように想像する。土地や人情に縛られ、動けなくなることを過剰に恐れている。

でも、こうして都会で気ままに暮らして休みのたびに遠い土地に行って、そこに根を張って暮らす人たちを見るたびに、捨ててきた町を思い出して動揺してしまう。平然と構えているためには何かが足りないことを、自分自身がいちばん分かっている。

猫のミルを、抱き上げて膝に乗せてみた。ミルは少し嫌そうにしたが、お愛想らしく喉を鳴らしはじめた。ほかの猫が怖いから、人におもねるしかない。そう思っている節がある、哀しい猫である。ここでは誰もお前を傷つけたりしないから、爪を立てたっていいのに。

わたしが家を買っても、キッチンカウンターに身を乗り出してその日の報告をしてくる子供も、喉を鳴らす猫もいない。ほとんどの時間をひとりで過ごすことになる。それでも今は、自分の家を形にしてみたい。好きな人たちが集まるための場所を、日常の中に作ってみたい。

自分の心がもうひとつ遠くに行くために、何かを育てる。別に子供を産むとか定住するとか、そういうことばかりではない。目の前の仕事を、もう一段丁寧にやる。自分と他人が心地よくいられる場所を作る。痛みを伴う正直な文章を書く。切り花を飾る。小さな生きものが安心して暮らせるようにする。メールにもうちょっとマメに返信する。そうしたことのひとつひとつが、今いる場所を新しい故郷に育てていくのかもしれない。

13

孤独を乗りこなす力、
ささやかなお祈り

6月中旬の金曜日、夕方4時すぎに会社を出た。すでに夏のように蒸し暑く、広い交差点で見上げた空には積乱雲が湧いている。夕立が来るのかな、と思いながら、足早に駅へと歩いた。

荷造りのためとはいえ、明るいうちに会社を出ると気持ちが浮き立つ。それに、荷造りは嫌いじゃない。自分の持ちもののすべてと一度に向き合う機会は貴重だ。ひと目で気に入って手に入れたもの、素敵だと思ったはずが今では全然そそられないもの、なんとなく手元にあるもの、思い入れがなさすぎるが故に買い替えもせず、結果として十年選手になった生活用品。どんなつまらないものもひとつひとつ手に取り、段ボール箱に入れるかゴミ袋に放りこむかを決めていく作業の中で、今までとこれからの生活が見えてくる。

翌朝には新しい部屋——通称〝メレヤマンション〟へ荷物を運ぶために、引っ越し会社のトラックが来る。徹夜は回避できそうかな、と思いながら部屋で段ボール箱に囲まれて作業していると、新しい部屋のリノベーションをお願いしている建築士さんから電話がかかってきた。

「今日現場のチェックをしてきたんですが、進捗がかなり遅れています。このままじゃ、入居しても暮らせない状況です。宿泊費は工事の請負会社が負担しますので、ウィークリーマンションかホテルにでも滞在してもらえませんか？」

「えええええ……それってどれくらいの間ですか？」

「関係者と調整して、明朝に見通しを連絡します。お引っ越しの荷物は、部屋の一角に高積みしてもらうようにします」

電話を切って、ベッドの上にへたりこんだ。ショックといえばショックだが、こうなることもどこかで予想していたような気もする。折々現場は見に行ったが、素人目にも予定どおりに進んでいるようには見えなかったし、もっと言えば、今まで何ひとつスムーズにはいかなかった。家づくり、ここまで果てしない坂道だったとは。

マンションの購入を決めてから、すでに半年が経っている。素敵な家が欲しいというのは、この身には過ぎた願いなのだろうか。新しい居場所を探す旅は、呪われているのかもしれない。

5年ほど前に、付き合っていた人とふたり暮らしをはじめた。遠距離恋愛の期間も含めて付き合いは長く、相手は年上でずっと前から働いていて、わたしが司法浪人を経て就職して3年が経ち、会社の独身寮を出たタイミングで同居したのはごく自然な流れだった。誰よりもいちばん理解され、理解していて、たいていのものを見てもお互いがどう反応するか分かっている楽さがあり、この先もそれは変わらないと思っていた。

だが、本業の会社員としての仕事も、ハンドルネームでの活動もどんどん変わっていった。それまではどこに属していても馴染めず、またその馴染めなさを暗いパワーに変えて動いていたが、ふとした文筆の依頼をきっかけに、生きものや自然科学に親しむコミュニティに触れた。これまで知らなかった人々とつながりを持つようになって、楽に息ができる場所をはじめて見つけた気がした。小さな生きものに驚きや畏れを持つ愛すべき人たちにわたしも夢中になり、世界は広がっていった。

しかし、これまで人や環境に合わせ、馴れるということを真面目にやってこなかった人間なので、器は小さいままだった。平日は会社員として働きながら原稿も書き、週末ごとに取材のために家を空け、忙しないが楽しい生活の中で、わたしは他者と暮らすための努力をしようと思えなかった。

趣味や共通のコミュニティを通じて知り合い、付き合ったり結婚したりする人はたくさんいる。付き合いが長いほど、同じコードを共有している。だが、生活が続いていくにつれて、長い時間をかけて作られた共通言語はあっという間に磨り減っていく。普通なら互いに相手に合わせる努力をしたり、または子育てのような新しい共通目標ができていくのだろうが、わたしの場合はそうはならなかった。

逃げるように家を出たのが、2年ほど前だ。もともとひとり暮らしは長かったので慣れているが、住んでいたマンションの部屋をとても気に入っていたから、名残り惜しかった。賃貸だったが、分譲マンションを借りていたためほかの部屋の住人はみな所有者で、住みかに愛着を持って大事にしており、とても居心地がよかった。古い低層で、裏手には桜並木に挟まれた細い用水路があり、家にいながらそのままお花見をすることができた。南向きの窓から入る光が心地よすぎて二度寝してしまい、用水路に住んでいるカモの親子がグワグワ鳴く声で起こされたこともある。

共同生活でひとり暮らしには大きな家具を使っていたこともあって、部屋探しは難航した。ある程度の広さがあって風や光が気持ちよく感じられ、東京都内の会社にも通いやすい部屋――今までの家賃を単純に半額にした金額では、とても借りられない。すさんだ雰囲気にぎゅっと目をつむって部屋を借り、なんとか新しい生活をはじめたころ、

「借りるんじゃなくて、買えばいいんやないの」

と爆弾を投下したのは母だった。

「あんたが家庭に向いちょらんのは、よく分かったわ。でも、今みたいなひどい部屋に住むことないやないの。家賃は消えてくばっかりやし、月々の支払いは同じでも住める物件のランクが違うわ。何よりこの低金利やろ、母ちゃんらのときなんか7パーセントも8パーセントも利息を払いよったんやから」

聞いた瞬間は一笑に伏そうと思ったが、できなかった。狭い暗がりになっていた心に小さな熾火《おきび》を投げこまれたようで、その可能性を考えるほどにまわりに酸素が集まってきて、明るく燃えはじめた。

これは、ガーナの装飾棺桶を作りたくなってしまったときと同じ思考回路だ。わたしはいつもそうだ。小心者のくせに「やらないよりやったほうが面白いんじゃないか」と考え出すと止まらず、やる理由をあとから数えはじめる。本当にそっちに行きたいかどうか考える前に、ハ

ンドルを大きく切りたくなる。

わたしに買える都内の分譲マンションといえば、築40年は下らない（通勤圏内の郊外で探すという選択肢もあるが、地の利は重視している）。住宅ローン以外にも、管理費や修繕のための積立金、固定資産税といったお金もかかる。地震などのリスクもあるし、そうでなくても、もし住まなくなったときに売ったり貸したりできるかどうか。

だが、居住用のマンションであれば資産価値より利用価値も大事になってくる。物件の下見を続けながら「今の自分なら、資産価値の低いマンションしか買えなくても利用価値のほうは高められるんじゃないか」と思いはじめた。

他人との暮らしから逃亡したことで、ひとりで生きていくことをより強く意識するようになった。ひとりでしか暮らせないような人間であること、自分の性格について、もっとちゃんと考えていれば、他人を巻きこんで痛い思いをすることもなかっただろう。しかし、今からでも考えないよりはマシだ。誰にとっても、個人の幸せは世間の幸せとはちょっと違う。それを強く強く意識しないと、まわりの評価に振りまわされて、どこか知らない浜辺に打ち上げられてしまう。

不安と同時に、どこかすっきりした気持ちもあった。自由と孤独を乗りこなすための、力を身につけたいと思った。その力とは、金銭、体力、ひとりの時間を心から楽しむための好奇心や教養、そして、尊敬する人や親しい人たちがまわりにたくさんいること。そして、疲れたときは頭を抱えて逃げこめる待避所になる一方で、好きな人たちを招けば豊かな遊び場となる、そんな巣を作りたい。

第5章を最初にウェブの連載で書いたときは、まだ物件を探している最中だった。その後もいろんな物件をめぐったが、ほとんどのマンションはひと目見て「無理!」という感じだった。リノベーションすれば古ぼけた部屋も見違えることは、雑誌やネットでさんざん事例集を読んだから分かっているし、自分で手をかけて生まれ変わらせてみたいと思う。しかし、共有部分や躯体《くたい》の構造はどうにもならない。そこが嫌な古び方をしているマンションに大枚をはたく気にはなれなかった。

物件を探しはじめて、そろそろ1年。世に素敵な家のなんと少ないことか……と肩を落としていると、第5章で買い逃したあのマンションの空室情報が不動産屋さんから入ってきた。2015年12月のことだ。

前回とまったく同じ間取りだがもっと上の階で、見晴らしはとてもよかった。長らく賃貸に出していたので、内装は古いまま。けっこう強気な売り値がついていたが、リノベーションの費用もかかることなどを材料に交渉して、大幅に下げてもらった。

手付金の支払いやローンの借り入れ申し込みなど、煩雑な手続が多々あったが、引き渡しは売主の都合で2カ月後になった。知人の紹介の建築士さんや不動産屋さんといっしょに退去後の部屋を見られたのは、2016年2月下旬のことだ。

間取りは古い物件によくある「田の字型」をベースにした2LDKだった。50平米弱と決して広くない面積が、リビングとダイニングキッチン・バストイレ・部屋その1・部屋その2の4区画に区切られている。せっかくの窓からの陽射しや通風も遮られていたが、大々的に改装して気持ちいい空間にしていけると思うとわくわくした。

建築士さんと打ち合わせして、まずはベースプランを作った。見取り図では、壁を抜いて広くしたリビングのいちばんいい場所にガーナの棺桶が鎮座している。「棺桶のある部屋を設計するのははじめてですね……」と、建築士さんも苦笑いだ。

さらに、細かい仕様を盛りこんだ設計図を作ってもらう。これをもとに、工務店に見積を出してもらうのである。夢を見るだけならタダなので「壁一面を本棚にして、カウンターデスクもつけたい」「こっちにもあっちにも収納を」「お風呂には、リノベ雑誌でよく見かけるお気に入りのタイルを……」などと、欲望の限りを詰めこんだ。幸福の絶頂である。

夢から醒めるのは、1週間ほどして出てきた見積を見たときだ。ざっと250万円ほど、豪快に予算オーバーしている。一転して、今度は仕様の縮減合戦がはじまった。本棚もカウンターデスクも、欲しかった収納も短い夢と消え、10万20万と見積の項目をつまんでいくが、いったん数字が出てしまうと、これが驚くほど縮まらないのだ。

最初の見積の縮減と並行して、別の工務店に相見積を出してもらうことにした。なかなかやりとりが進まず、施主のわたしはなんとなく焦りはじめる。最初の工務店Aは不動産屋さんの紹介、建築士さんは知人の紹介ということで初顔合わせなのも、やりとりのしづらさにつながっているのか。

相見積を取ろうとするわたしに、不動産屋さんが「品質に対するコストパフォーマンスで考えるとAさんしかない、ほかの工務店に頼んでも似たような金額になるか、あるいは質が低いかだ」と何度も言うのも引っかかった。腕のいい工務店を推してくれる気持ちは本物だろうと思っていたが、大きい買い物での相見積は当然だし、手に入るすべての判断材料を並べて決めたかった。施主という立場には、経験してみてはじめて分かる独特のプレッシャーがある。工務店Aも価格面でもっとがんばってくれそうだったが、このモヤモヤがきっかけとなって最終的には第2の工務店Bに見積をお願いすることになった。

「最初の夢を語っているときはすごく楽しかったけど、ちょっと疲れてきました……」

設計事務所に打ち合わせに行った帰り、遅い夕ご飯を食べながら建築士さんに思わずこぼすと、

「そうなんですよ。僕もそれ、いつも不思議なんですよね……」

という答えが返ってきた。

マンションを探し歩いて、ため息の出るような辛気臭い物件しか見られなかった日も、やたら尖った靴を履いた不動産屋のお兄ちゃんに「この物件のどこが駄目なんスか?」と言われた

日も、自分を鼓舞するためにリノベ雑誌やネットの記事を読み漁った。隅々までこだわった造作と素敵な家具に囲まれてインタビューに答える施主たちは、家づくりがこんなに挫折と妥協と疲労にまみれるものだなんて、誰も言ってなかった気がする。いや、言っていたのだろうか。夢と欲にくらんだ目には、自由さと華やかさしか映っていなかったのかもしれない。

工務店Bの見積は、4月末にようやく出てきた。工事すらはじまらないまま2カ月が経ってしまった。最初の工務店Aにしておけばよかったのかもしれないが、あのまま続けても相当モヤモヤしただろう。考えても仕方ないことである。ローンと今住んでいる賃貸の二重負担もきつくなってくる。お尻が決まれば話も進むかも、と「5月末には絶対に引っ越す」と強引に宣言し、賃貸の退去届を提出した。

「壁一面の本棚、夢だったけど予算的に無理そうだ……」「いつ引っ越せるんだろう」「お金、足りるのかな……不安だ……」と、思考が果てしなく暗くなっていくわたしを見かねて、DIY工作名人のタカイくんが「できることは自分たちでやろうぜ。楽しいし、予算削減にもなるし」と誘ってくれた。

タカイくんは「ニコニコ学会β」というユーザー参加型研究のシンポジウムに関わって知り合った飲み友達だ。ふだんは「ガレージ」という屋号で、映像制作や編集の仕事をしている。映像のための小道具や大道具を自作する機会も多く、「映像より工作が好き」と豪語しているくらいだ。

わたしとタカイくんの共通の知り合いである研究者や生物好きの人々も、「道具がなければ自分で作る」な精神の持ち主が多い。工作や工夫の話でよく意気投合している。わたし自身は超がつく不器用で工作には苦手意識しかなかったが、やりたいことを形にするすごさと楽しさが、ＤＩＹの工作会に参加するにつれて少し分かってきた。

「木箱を積んだみたいな本棚が欲しいんだよね」と言うと、タカイくんはサラサラとイメージラフを描きはじめた。材料をホームセンターで集め、タカイくんの事務所で木箱の組み立てやビス留めを教えながらいっしょにやってくれた。様々なサイズの本の版型にあわせた木箱を１日がかりで10個作り、みつろうワックスを塗って仕上げた。

その後、事務所の近くの焼鳥屋に出かけ、ビールを頼んだ。カウンターに、うっすら霜に覆われた琥珀色のグラスが運ばれてきた。最初のひと口がひと口で終わらないうまさだった。

「なんだこれ！　ただごとでなくうまいな!!」

「そうじゃろうそうじゃろう。労働のあとのビールは格別じゃ」

ずっと心配ばかりしていた心が、軽くなっていることに気づく。先行きが不透明なことを不安に思って急いていた気持ちを、自分で手を動かすことによって理想の家に近づいているという実感が吸い取ってくれている。

結局5月中には引っ越しできず、いったん出した退去届を取り下げた。その後もマンションの管理組合との調整でさらに工事開始が延びたりしつつ、入居予定日は6月中旬と定まった。

解体がはじまった現場を見に行った。家ができていく様子を見るのも、すべてがはじめてだ。躯体が剝き出しになり、古ぼけたキッチンやトイレも運び出されている。ここに住んでいた子供たちがゲームのステッカーを貼りつけた押入れも、跡形もない。

異常にすっきりした部屋の中に、気持ちよい陽射しと風が入ってくる。「ここがわたしの城になるのか……」とうっとりしたが、不安なものも目に飛びこんできた。鉄筋コンクリートの天井が、中央に近づくにつれてたわんでいるのである。壁際といちばん低いところとの高低差が数センチはある。

「このくらいの年代に建てられた建物には、けっこうあることなんですよ。別に今にも崩れそうとか、そういうことではないんです」と建築士さんのフォローが入ったが、なかなか衝撃的だ。地震が来たら、ガーナの棺桶を、寿命より早く使う羽目になるかもしれない（棺桶が無事なら、だが）。いずれにせよ、もうあとには退けない。


入居予定日の1週間前の週末、「セルフリノベ作業をしてみたい」というわたしの要望に応え「素人による壁紙剝がし&左官の会」が開催された。クロスを剝がしたあとに薄く残った糊つきの壁紙に霧吹きで水をかけてふやかし、ヘラでガリガリする作業と、部屋のあちこちにある躯体と造作の中途半端な空間を、水で練ったモルタルで埋める作業である。

現場には木材が運びこまれ、台所や寝室の外殻はできてきたが、トイレもお風呂もまだ什器が入っていない状況だ。来てくれた人たちも「メレ山さん、本当に来週からここに住むの……?」と、狐につままれたような顔をしている。

むしろ狐に化かされたあとみたいな荒涼感あふれる現場だったが、土日の2日間で延べ10人の友人が、作業を手伝ってくれた。みんなネットを通じて「メレ子」名義のわたしと知り合った人たちだ。中には直接会うのははじめて、という女性すらいた。

いつも、不思議な気持ちになる。昔は「人」は「人」と知り合うものだと思っていた。ネットをはじめたばかりのころは何度かオフ会みたいなものに行ったけれど、ネットで文章を書く人というのは概して、そんなに会話が当意即妙なタイプではない。当意即妙なタイプの面白い人にとって、ネットで文章を書いて読者を待つなんて効率が悪すぎる。お茶や食事をいっしょにすることとしか知り合う手段がないと思っていて、テーブルを挟んで気まずさの抜けない時間を過ごし、「どうすればもっと意気投合するのかなあ……」と思いながら、トボトボ帰ることも多かった。

頻繁に会うような友人は今も多くないが、最近分かってきたことがある。いきなり「人」対「人」の付き合いで仲良くなるのは、ハードルが高い。どちらかというと内向的だけど好きなものがある、そんな「人」同士が仲良くなるには「場所」の力がすごく大事だ。いっしょに何かを作ったり、生きものを眺めてその魅力に触れたり、好きなものについて前のめりに語ったりする、そんな「場所」を、ここ数年でたくさん体験できた。

さらに、参加する「場所」を探してさ迷うより「場所」を作る側に回ったほうが、そこに集まる全員と親しくなりやすくて、結果的に楽だ。この人とこの人は合うんじゃないかな、と相性を考えながら「場所」を作ることも、わたしは意外と好きみたいだ。

タカイくんをはじめとして、新しい我が家こと〝メレヤマンション〟のために集まってくれる人たちは、そういう「場所」をわたしが作ろうとしていることに気づいて、共感してくれているんだと思う。生きている限り続く孤独を乗りこなすための、船に乗る乗組員を求めていることを。甲板で昼寝したり、星空の下で酒盛りしたり、嵐のときは必死にきしむ帆綱を引く。でも気が変わったら小さいボートに移ったり、好きな港でまた下りていく——そんな風景を夢見ていることに。

入居予定日の前日にメレヤマンションに入れないことが判明したわたしは、とりあえず会社の近くのウィークリーマンションに入った。わあ、たくさん残業ができるなあ。引っ越し荷物はどうしようもないのでメレヤマンションに搬入してもらったが、そのことでまた工事もやりにくくなったようだ。さらに2回の延期があり、ホテルに宿替えしたりしつつ、ついにはじめてメレヤマンションで寝起きしたのは7月頭のことだった。

「完成した」というよりは「頑張れば寝泊まりもできる状態になった」という感じだ。「カーテンレールがついてないから外から丸見えだ！　どうしよう！」とか「水まわりの左官が終わってないから台所に荷物を置けない……」とか、「ハンガーパイプがついていないから服をかけられない……」とか、人が生きていくには実にいろんなものが必要なことに気づかされる毎日である。この原稿を書いている今も、まだ終わっていないところが多々ある。

この状況が、どれくらいありがちなことなのかは、わたしには分からない。今まで「なんでみんな、業者があらかじめリフォームした割高で全然素敵じゃないマンションを買うの⁉」と思っていたわたしだが「こんなに大変なんだったら、できたものを買うほうが圧倒的に多数派になるよな……」と納得した。どんなに大変でも、少しずつでき上がって行く家と馴染んでいく喜びはほかには代えがたいのだが。

タカイくんとレンタカーで棺桶を取りに行った。ガーナから運んできたポテトチップス・コフィンは、メレヤマンション落成までの間、編集者サチコさんのご実家に安置してもらっていたのである。

関東近県にあるサチコさんの実家は、林の中を舗装されていない道がめぐる、まるで『赤毛のアン』の舞台のような住宅地に建っていた。木の質感が素敵な屋根裏つきの風通しのいい2階家は、内装のお仕事をされているサチコさんのお父さんが自ら設計図を引いたという。わたしが「工事が進まなくて、棺桶をなかなか引き取りに来れなくてすみません」と言うと、お父さんは「うちなんか、20年経っても工事中だよ」と笑った。

棺桶は空港に着いたときの梱包のまま、家の中の動線にもっとも影響のない1階の廊下に置いてもらっていた。廊下の横の物置になっている部屋には、ウレタンの謎の物体が置いてあったが、それはサチコさんの弟さんが撮った映画のために、お父さんが作った怪獣だという。ひと目で好きになってしまうような家で、サチコさんがこの家で育ったというのはすごく納得できる、と思った。自分の家を探しはじめてからというもの、どんな家を見ても、そこに住む（住んでいた）人との関係や人生を思うようになった。

はじめて「虫の本を作りませんか？」とサチコさんがメールをくれて、会社帰りに会ったときのことを思い出す。あのときは、虫の本なんてよそでは敬遠されたのに物好きだなあ、と思っただけで、数年後にはその次の本を作るためにいっしょにガーナまで行った上に棺桶を預かってもらうなんて、予想もしなかった。サチコさんもまた、ここ数年で出会った愛すべき人たちのひとりだ。

本棚がわりの木箱を壁際に積むのだが、崩れてくるのが怖いし、固いコンクリートの壁に固定するのは大変だ。コンクリ壁の手前に、もう1枚木の壁を作ることになった。木の柱を上下につけた工具でつっぱって壁際に固定し、そこに合板などをビスで留めていく。賃貸の壁にも穴を開けずに施工できるので、最近流行っているのだそうだ。この作業にも、数名の友人が集まってくれた。

さらに、長年の夢を実現させるときがきた。ウィリアム・モリスの壁紙を、寝室を囲むふすまに貼りつけるのだ。あらかじめ糊がシール状についていたりする国産壁紙と違い、輸入壁紙なので仕様もサイズもちょっと特殊で継目の柄合わせにも手間取ったが、予想以上に素敵な仕上がりになった。レモンとざくろの木が優しい色で描かれた壁紙が、リビングを彩っている。

だいぶ様変わりした部屋で、そのまま夕食がはじまった。まかない役を買って出た友人が作ってくれたおつまみを前に、初対面の人たちが「いまさらですけど……」と自己紹介をはじめる横で、タカイくんたちは棚受けの金具と板を取り出し、木壁に飾り棚まで取り付けてしまった。

テンションが上がったわたしは、待ちきれずに引っ越し荷物の段ボール箱を開け、雑貨を並べはじめる。長年かけて少しずつ買い集めた鉱物、旅先で拾ってきたサンゴのかけら、アフリカの仮面、流木についたキノコが光る作家もののランプ。

「すごい！　雑貨屋みたい！」

「植物も置きたいね」

「標本箱とか、倒れると危ないものにはこの粘着テープを貼って」

と、友人たちはまるで自分の部屋のことのように盛り上がってくれる。むしろこれからも、自分の部屋のように思って遊びに来てほしい、と思った。

まだまだ収まる場所を得ていない荷物や工具が散乱し、地獄のような散らかりぶりだが、もうこの部屋はわたしの一部になっている。ただ食べて眠る場所ではなく、大事なものが隅々まで詰まった巣。安心して籠《こも》れると同時に、好きな人たちにとって開かれた場所。家へのそういう思いを分かってくれて、応援してくれる人たちがたくさんいる。

わたしは、自分が思っていたより遠くまで来れていたのかもしれない。


夜中に目が覚めて、部屋の中を見渡した。帰りそびれた友人がふたり、リビングのあちこちで布団にくるまって眠っている。そして、ガーナからやってきた棺桶が鎮座している。棺桶を見た人たちからは「威圧感がすごい」「意外と部屋に馴染んでいる」という相反するコメントをもらった。棺桶の上に載ったメレ子人形は、何度見ても完全にアフリカ系の顔と体型をしている。

明日も、今日みたいにいい日になりますように。自分に残された日々がうんざりするほど長いのか、驚くほど短いのかは誰にも分からないけれど、いい日が1日でも多くありますように。自分や自分のまわりの人たちが、怖い思いやみじめな思いをしませんように。そのためにできそうなことがあれば、がんばります。無理のない範囲で。

誰にともなく、少しそう祈ってからまた眠った。

おわりに　生きづらさに（少しだけ）効く薬

「今度はまた、旅についての本を書いてみませんか？　わたしはもともとメレ子さんの旅ブログを愛読していたので、旅の本も作ってみたいです。今だから書ける旅行エッセイがあると思います」

亜紀書房の編集者・田中祥子さん（サチコさん）がそんなメールをくれたのは、２０１５年夏のことだった。

本文にも書いたが、サチコさんとは２０１４年に出した虫の本『ときめき昆虫学』以来の付き合いになる。『ときめき昆虫学』出版当時はイースト・プレスに在籍されていたが、そのあと移った亜紀書房でも、また別のテーマで本を作ろうと言ってくれたのだった。

書籍の編集者には、キレのある企画を考えてそれにはまりそうな著者を引っぱってくるタイプの人と、著者の中にあるまだ形になっていない企画をクイクイと引っ張りだしてくれる人がいると思う。サチコさんは後者、それも筋金入りだ。わたしのひとつ年上なのに、学生に間違われることもあるくらい可憐でかわいらしい女性だが、仕事は誠実かつ豪胆で何度も驚かされた。

生きものや自然科学、それに手紙を書くことも好きな彼女には、古くは学生時代からやりとりしている研究者や漫画家との交友がある。しかし、その人たちに企画の押し売りをしている風はほとんど見られない。これはと思った著者のコンディションやタイミングが揃ってくるのを、気配に耳をすましながらじっと待ちつづける。その様子は、壁の穴の前でねずみを待つ猫、あるいは川を遡上してくる鮭を待つ熊にも似ている。赤く婚姻色に色づいた鮭を見逃さず、本という形にして渓流から陸《おか》にザバッと打ち上げるのだ。『ときめき昆虫学』を作っている間も、つぎつぎと楽しい本を世に送り出す様子を目撃し、彼女と本を作れる幸運をかみしめていた。それだけに、前作から間をおかずにまた「本を作りましょう!」と言ってくれたことが、本当にうれしかった。


そうして『ときめき昆虫学』と同様、ウェブ連載を経て出版に至ったこの本『メメントモリ・ジャーニー』だったが、「旅と死」という今回のテーマには予想以上に苦しんだ。

「旅」といっても、完全なる紀行文ではなく、自分の人生の移りかわりや精神の深層に下りていくことも「旅」として書きたかった。また「死」についても書くといっても、たとえば昨今のお葬式事情や高齢化問題などをテーマにすることには、自分が書くべきだという切実さを感じなかった。旅先でのお墓や死にまつわるスポットに惹かれはしたが、そこでわたしが考えたいのはむしろ、そこに至るまでの「生」のイメージだということが、書けば書くほど分かってきたのだった。

そういう捉え方をする限り「旅と死」って、要するに「人生」ってことなのでは……テーマが大きすぎて、書いてはいけないことがひとつもない。縛りがなさすぎて逆につらいじゃん、と何度も頭を抱えたものだ。

そんなときほど、あえて半径の小さい円をコンパスで描くようにして、自分自身の気持ちの揺れについて正確に書くことを心がけた。今感じている生きづらさと、それを和らげてくれる喜びについて、どこまでも個人的に書いていくことこそが、どこかの誰かに文章を届けることにつながると思った。

ガーナ編の棺桶のくだりなどは、ウェブで書いているときに読者の反応が特に分かれたところだ。「もういい、みなまで言うな！　分かるよー！」と激しく共感してくれる人がいる一方、「なんでメレ山さんが棺桶を必要としてるのか、いくら読んでもさっぱり分からないよ……」と言う人もいた。「読まずとも分かる人と、読んでも分からない人しかいないのだったら、下手な長文に紙幅を費やす意味がないのでは……!?」と、うつろな目でPCに向かった。

最終的には、同意や共感がすべてではないと割り切るようになった。「ぜんぜん分からなかったけど、なんか楽しそうだね」と言ってもらえれば、それで十分に満足だ。あなたの幸福とわたしの幸福は、たとえどれほど似ていたとしても、決して同じではないのだから。

何が自分の幸福なのかは、自分で必死で考え、探さないと分からない。そんな簡単なことが、会社や家族といった組織の中で揉まれて幾重にも評価されて過ごしていると、だんだん見えなくなってくる。不幸になること以上に、あいつは不幸な人間だとまわりから思われるのが怖くて、ちぐはぐな無理を重ねたりする。

自分だけの幸福と世間なみの幸福が食い違っているのに、それに気づいていないと、知らないうちに身体が不満でいっぱいになる（わたしは20代半ばまで、ずっとそんな感じだった）。煮詰まるにつれて、周囲にも世間の基準に合わせ、我慢することを求めてしまう。世の中は、どんどん窮屈になっていくように思える。
手近な銭湯の煙突にでも登って「わたしの幸せはこれだ！　みんなはどうだ！　困ってるやついるかー！　全力で考えろ！　自分をだめにする場所からは全力で逃げよう！」と拡声器で叫びたいなあ、と思うことがある。自分にとって、文章を書くことは、そんな作用がある。

サチコさんと作った2冊の本『ときめき昆虫学』と『メメントモリ・ジャーニー』は、「虫の本」と「旅と死の本」であり、一見全然違う本のように見える。しかし、今回あらためて読み直してみると、底に流れるものは同じだと思えてきた。小さな生きものに心をときめかすこと、遠く旅先で死について考えてどこかせいせいとした気持ちになること、好きなもので人とつながること、心地よい場所を作ること――これらはどれも、わたしにとって「生きづらさに効く薬」だ。ひとつひとつの効果は小さく、ほんの一時しか続かないとしても。

この本を作るにあたって、たくさんの方に力を貸していただいた。ガーナ棺桶プロジェクトを支援してくださったみなさん、コーディネーターのショコラさん、ベナンで助けてくださったRさん、カネ・クウェイ工房のみなさん、ありがとうございました。西澤真樹子団長をはじめとするなにわホネホネ団のみなさんにも、あらためて感謝を申し上げます。編集の田中祥子さん、本文中のいろんな場面を両手でそっとすくいとるような、素晴らしいイラストを描いてくださった西村ツチカさん。ガーナをはじめとしたいろんな「遠く」に思いをはせたくなる、かっこよくてかわいい装丁に仕上げてくれた、大岡寛典事務所の大岡寛典さんと平松るいさん。棺桶と新居とわたしを素敵に撮ってくださった宇壽山貴久子さん。『ときめき昆虫学』に続いてヘアメイクをお願いした、boy U の江澤康太さん、田中美幸さん。本当にありがとうございました。

2016年8月　メレ山メレ子

謝辞

ポテト・コフィンを作るにあたり、クラウドファンディングサイト「メレ山メレ子の生前葬 ガーナでオーダメイド棺桶を作るプロジェクト（http://mmjtoghana.strikingly.com/）」を通じて、以下のみなさまにご協力をいただきました。ここに厚くお礼を申し上げます。

相田心
akaza eri
秋山亜由子
安達加工所
姉山姉子
あぶかわ
雨宮まみ
ame_kumori
ayakomiyamoto
新井早紀恵
いきもにあ
生田享介
井上暁
井上喜仁
茨木菜摘
今城恵子
いむりん
岩崎洋子
Ueda Masahiko
うえだゆうこ
浦島茂世
大槻舞
Ootomo Naomi
岡本朋子
奥井朋子
桶谷弥生
おち
Ono Hiroki
柏村雄一
数羊
kazuhir2
金坂成通

Kaneko Heimin
カピィ
加茂忍
KAMATA MIKA
菊地如子
切田司
窪橋
倉島沙織
倉田直樹
栗生ゑゐこ
ケン・タッカイ
小西英貴
小林麻紀恵
小林幹也
在華坊
佐伯尚子
佐治彩子
佐藤温子
佐藤傑
佐藤丈樹
Satoko
始祖鳥堂書店
SHIBATA YUKO
Shibato Ryosuke
Shibukawa Shuichi
島田直子
白石洋介
joruri
雀田
副島智美
そねや
高井浩司

高月靡里子
高寺恒慈
高橋春香
高橋由里子
竹内君枝
竹本優子
田嶋稔之
タンナイクミコ
角田晶子
tetzl
てつや
Tokunaga Sho
トビムシさん
トリトル
toya
とよさきかんじ

とよ田キノ子
なおきち
中島悠
七生
難波亮丞
西野薫子
Nishimura Tsuchika
西村裕子
野火
橋本貴志
Hata Yurie
鳩子
葉室
原和泉
原乃
Hayashi Takehiko

林正人
hanzo22
ヒデシマサオリ
ひろせみほ
pha
phallusia
福富宏和
藤井和之
藤田芙美
藤田雅也
flatscape
文三
Horikawa Daiki
ほりどん&小太郎
ほりやままゆみ
本多絵美子

maikuhama
松浦麻子
松浦細、曜、亘
松川和人、麗
MATSUKI REI
まっちゃん
松本綾乃
丸山宗利
三河人@いくじなし
minekouki
miyake iku
Miwa U
無真獣73号
森下貴士
森下智未
もりたあゆみ

森田博子
やすやす
山形ミクラス
山崎洋美
吉田屋遠古堂
若山春一
ワクサカソウヘイ
渡辺アキフミ
渡辺芙美子
ほか、匿名希望の方6名
（敬称略）

初出

1〜12　ウェブマガジン「あき地」http://www.akishobo.com/akichi/
2015年8月20日〜2016年5月9日

13　書き下ろし

単行本化にあたり、大幅な加筆・修正を行いました。

メメントモリ・ジャーニー

2016年9月4日　第1刷発行

[著　者]　メレ山《やま》メレ子《こ》

[発行所]　株式会社 亜紀書房
〒101-0051
東京都千代田区神田神保町1-32
電話（代表）03-5280-0261
（編集）03-5280-0269
http://www.akishobo.com/
振替　00100-9-144037

[印　刷]　株式会社 トライ
http://www.try-sky.com/

ISBN978-4-7505-1485-7　C0095